KB273369

하루 15분 독서혁명

하루 15분 독서혁명

하루 15분 독서혁명

초판 1쇄 인쇄 2014년 12월 27일
초판 1쇄 발행 2015년 1월 5일

지은이 | 이영호·이인환
펴낸이 | 채규선
펴낸곳 | 세종미디어(등록번호 제2012-000134, 등록일자 2012.08.02)
주소 | 경기도 고양시 덕양구 화정동 1141
전화 | 070-4115-8860
팩스 | 031-978-2692
이메일 | sejongph8@daum.net
본문·표지 | 김은정·김세아
기획 | 출판기획전문 (주)엔터스코리아

ⓒ 이영호·이인환 2014, Printed in Korea.

ISBN 978-89-94485-18-8

세종
MEDIA

부모의 교육혁명, 책읽기가 답이다

하루 15분 독서혁명

이영호 · 이인환 지음

'독서가 답이다'라고 믿는 이 땅의 부모들께

정보의 홍수 시대에 살고 있는 요즘 중요한 것은 많은 정보를 얻는 것이 아니라 어떤 정보를 얻느냐 하는 것입니다. 또한 창의력이 경쟁력인 시대에 살게 될 아이들의 교육은 공교육만으로는 부족해 수많은 사교육과 그에 따른 지출을 발생시킵니다. 이는 부모뿐만 아니라 그들 자녀 모두에게 끔찍한 부담으로 다가옵니다.

같은 맥락으로 수없이 쏟아지고 있는 여러 종류의 유아·어린이 도서 시장에서 자신의 자녀에게 어떤 책을 선정해 주고, 어떻게 책 읽기를 가르쳐야 하는가가 보다 중요하다는 것은 두말할 필요도 없습니다.

독서 지도에 대한 전문가가 아닌 이상 이러한 도서 선별과 지도가 쉽지 않다는 것은 아이를 위해 책을 골라 본 부모라면 누구나 한번쯤 경험해 본 사실일 것입니다.

독서에 대한 중요성이 커져가고 있는 이 시점에서 책을 얼마나 많이 읽히느냐가 아닌, 책을 통해 아이에게 얼마나 수준 높은 교육적 효과를 얻게 해줄 수 있는가를 고민하는 부모에게 이 책은 충실한 가이드 역할을 해줄 것입니다.

가정에서 독서 지도를 어떻게 하느냐가 21세기 키워드인 창의력 교육의 핵심이 될 수 있다는 것을 인식시키고, 나아가 어릴 때의 독서 지도가 미래 사회의 제대로 된 지식인을 만드는 토대가 될 수 있음을 분명히 시사해 주리라 믿습니다.

더불어 미래를 준비하는 삶의 든든한 버팀목이 독서라는 것을 깨달으면 좋겠다는 생각을 해봅니다.

독서한 만큼 세상이 보인다

흔히 '아는 만큼 보인다.'는 말을 많이 합니다.

책을 많이 읽으면 그만큼 아는 것이 많아 새로운 것을 접할 때 남들보다 더 많은 것을 쉽게 이해하고 받아들인다는 것입니다. 독서량에 따라서 지식 습득에서도 부익부 빈익빈 현상이 벌어지는 이유가 여기에 있습니다.

독서는 아이들과 공감대를 형성하기에 가장 좋은 수단입니다. 현재 아이들과 우리 부모들이 공감대를 형성할 수 있는 것은 그리 많지 않습니다. 물론 아이가 좋아하는 대로 놀아 주면 좋겠지만, 이왕이면 부모도 유익한 시간을 보내면서 인생의 보탬이 되는 길을 찾는다면 독서만큼 좋은 것은 없습니다.

부모가 먼저 독서를 즐길 줄 알아야 합니다. 부모가 틈틈이 독서를 하는 모습을 보인다면 그것만으로도 아이들에게는 이미 좋은 모범이 되기 때문입니다.

왜 부모의 독서지도가 필요한가?

'새는 양쪽 날개로 난다.' 이 말은 사상의 편향을 문제로 제기할 때 많이 쓰던 말입니다. 아무리 좋은 것이더라도 한쪽으로 치우쳐서는 결코 좋을 수만은 없다는 말입니다.

요즘 아이들에게도 이 말이 절실하게 필요한 때입니다. 인생의 많은 부분을 좌우하는 어린 시절을 엄마나 여자 선생님을 통해서 한쪽으로만 치우친 교육을 받는다면 분명히 정상적인 교육은 아닙니다. 엄마나 여자 선생님이 한쪽으로 치우친 교육을 가르친다는 것이 아니라 아무리 훌륭하게 가르친다고 하더라도 어쩔 수 없는 한계가 있다는 것입니다.

인간의 뇌는 크게 좌뇌와 우뇌로 구분을 짓습니다. 좌뇌는 논리적 사고와 분석적 사고의 중추로서 언어와 셈을 하는 능력과 관련이 있고, 우뇌는 시간적 사고와 공간적 사고의 중추로서 예체능계나 창의력을 요하는 정서적인 능력과 관련이 있습니다.

일반적으로 남자는 논리적이고, 진취적이고, 공격적이라고 합니다. 이에 반해 여자는 감성적이고, 수동적이며, 모성 본능이 강하다고 했습니다. 물론 이런 행동양식이 타고난 것인지, 남성 위주의 사회적 환경 속에서 강요된 것인지 논쟁은 있을 수 있습니다. 여성 우위의 사회였다면 오히려 반대로 나타나지 않을 거라고 장담을 할 수 없기 때문입니다.

중요한 것은 분명히 남자와 여자의 차이는 존재할 수밖에 없다는 것입니다. 사회적 환경 때문이 아니더라도 선천적인 신체 구조의 차이만큼이나 분명히 차이가 나는 것이 있습니다. 따라서 우리는 일반적으로 남자는 좌뇌가 발달해 있고, 여자는 우뇌가 발달해 있다는 말에 주의를 기울일 필요가 있습니다.

이 말이 사실이라면 부모는 아이의 좌뇌와 우뇌를 책임져야 할 교육 주체이기 때문입니다. 일반적으로 아이들은 성장하면서 좌뇌를 계발하는 학습을 많이 받게 됩니다. 언어 구사능력이나 분석적이고 논리적인 능력 등이 거의 좌뇌의 기능에 달려 있기 때문입니다.

물론 그렇다고 해서 우뇌의 기능을 무시할 수 있는 것은 아닙니다. 창의성을 필요로 하는 예술적인 능력이나 감성적이고 직관적인 능력은 우뇌가 담당하고 있습니다.

결국 중요한 것은 새가 높이 날기 위해서는 좌우의 날개를 잘 다룰 줄 알아야 하듯이 우리의 아이들도 높이 날기 위해서는 좌우의 뇌를 균형 있게 잘 다룰 줄 알아야 한다는 것입니다.

그런데 현실적으로 우리 아이들의 교육은 거의 엄마의 역할로 맡겨져 있습니다.

요즘에 와서는 아이들과 놀아 주는 것으로 주된 가사의 일부인 육아에 관심을 갖는 부모가 늘고 있는 것은 여간 다행한 일이 아닙니다. 이것은 단순히 내 아이와 내 가족의 문제만이 아니라 사회적으로도 상당히 긍정적인 부분입니다. 부모가 아이들과 놀아 주는 것만으로도 큰 역할을 하고 있기 때문입니다. 그런데 이왕이면 다홍치마라고 어차피 아이들과 함께 할 시간에 좀 더 계획적으로 내실을 다질 수 있다면 좋지 않을까요?

아이의 독서 지도를 위해 왜 부모가 필요한가?

왜 엄마 아빠가 책을 권해야 하는가?

그 명확한 이유가 있기에 부모의 〈하루 15분 독서혁명〉이 필요한 것입니다.

한국독서철학교육연구소 연구소장 이영호

함께 즐기는 독서, 자녀의 행복을 위하여

한 어부가 있었다. 물고기 낚는 기술이 뛰어나 한 번 배를 타고 나가면 신선한 물고기로 배를 가득 채워 오곤 했다. 상인들은 이 사람이 배를 띄우기만 하면 줄을 서서 기다렸다. 어부는 물고기를 잡아만 오면 금방 비싼 값에 팔 수 있었다. 그런데 어부에게는 배는 일주일에 한 번만 띄운다는 원칙이 있었다. 이를 안타깝게 여긴 재벌 총수가 어부를 찾았다. 그리고 그에게 제안을 했다.

"당신은 지금보다 더 많이 배를 띄워서 더 많은 물고기를 잡아오시오. 판매는 우리가 책임지겠소."

어부가 물었다.

"나한테 돌아오는 것이 무엇인가요?"

"당신이 고기를 잡아와서 회사에 이익을 주는 만큼 회사의 지분을 주겠소."

"그 다음에는요?"

"당신은 나와 같이 큰 회사를 이끄는 사장이 될 수 있을 것이오."

"우리가 늙으면 무엇을 하죠?"

"뭘 걱정이오? 그때는 자식들에게 회사를 물려주고, 우리는 은퇴해서 바닷가에 별장을 지어놓고 한가롭게 산책을 즐기며 여생을 보내면 되잖소."

"그러면 은퇴 후의 그 삶이 지금의 나의 삶보다 더 나은 것이 무엇이오?"

"……?"

독서의 중요성이 강조되면서 많은 어머니들이 독서 지도에 관심을 갖습니다. 평생학습 현장에서 운영하는 독서지도사 과정의 수강생들은 거

의 다 엄마들입니다. 직접 배워서 내 아이에게 가르치겠다는 생각에서
죠. 그때마다 독서 지도의 본래 목적을 짚어보기 위해 어부의 이야기를
상기시킵니다.

독서는 성과가 눈앞에 바로 보이는 것이 아니라 엄마가 잘못 다루면
오히려 아이가 책을 멀리하게 되거나 엄마에게 반항하는 아이로 만들
수 있기 때문에 더욱 그렇습니다.

지금 이 순간이 즐겁지 않으면 미래가 무슨 의미가 있겠습니까? 우리
는 현실 속에서 젊은 날에 아이를 위해 모든 것을 다 바쳤지만 말년이
불우한 부모들의 이야기를 많이 접하고 있습니다. 참으로 안쓰러운 일
이지만 이런 일이 나에게 닥치지 않을 거라 어떻게 장담하겠습니까?

독서는 지식을 습득하는 것만이 아니라 삶의 지혜를 일깨워 주는 인
류문화의 유산입니다. 아이에게 가장 훌륭한 독서법은 부모가 먼저 즐
기는 모습을 보여 주는 것입니다. 아이의 미래만을 위한 독서 지도가 아
니라 지금 이 순간 아이와 함께 즐기는 독서를 할 수 있어야 합니다. 따
라서 아이의 독서 지도를 위해서는 먼저 부모가 아이와 함께 하는 기술
을 배워야 한다는 뜻입니다.

〈하루 15분 독서혁명〉은 아이들에게 많은 사랑을 느끼게 해주자는 것
이지, 아이들을 훈련하고 조련하자는 것이 아닙니다. 노후에 바닷가에
서 즐길 생각을 하는 것보다 지금 이 순간 아이와 함께 즐기는 독서의
장을 넓혀갔으면 하는 바람입니다.

따뜻한 인성과 넉넉한 사랑을 가르치는 엄마 아빠가 많아질 때 이 세
상은 좀 더 따뜻해질 것입니다. 이 책은 엄마 아빠가 아이에게 독서 방
법을 가르치는 것이 아니라 독서를 통해 아이와 소통하는 부모가 되는
방법을 담은 것입니다. 모쪼록 한 번 읽고 그칠 책이 아니라 가까운 곳
에 비치해 두었다가 틈틈이 펼쳐보며 아이와 독서로 소통하는 재미를

느껴 보셨으면 합니다.

이 책이 나올 수 있도록 독서논술지도사 과정에서 함께 해주신 수많은 선생님들께 감사드립니다. 아울러 항상 곁에서 함께 하며 독서로 소통하는 재미를 온전히 담아 낼 수 있도록 풍부한 소재를 제공해 준 아이들에게도 감사한 마음을 전합니다.

다시 한 번 모든 엄마 아빠들이 독서를 통해 아이들과 소통하는 기쁨을 맛보았으면 하는 바람이 이루어지길 소망합니다.

한국독서철학교육연구소 상임연구교수 이인환

C ONTENTS

프롤로그

'독서가 답이다'라고 믿는 이 땅의 부모들께 … 5

함께 즐기는 독서, 자녀의 행복을 위하여! … 7

Part 1 / 나는 어떤 부모일까?

1. 먹고살기 바쁜데 책을 읽으라고? … 18

2. 자녀교육도 가사분담 중 하나다 … 21

3. 텔레비전과 스마트폰은 만능해결사 … 25

4. 독서, 작심 1일로 끝난다 … 31

5. 교육의 만병통치약, 독서와 독후감 … 35

▶ 어린 시절의 독서가 인생에 미치는 영향 [1] … 39

Part 2 / 소통의 폭을 넓히는 독서

1. 아이의 선택을 존중하라 … 42

2. 아이에게 책만 권하는 부모의 실수 … 47

3. 미디어를 활용한 독서로 소통하라 … 52

4. 함께 고민하고 공감하는 부모와 아이 … 59

5. 부모와 아이를 알아가는 소통의 도구 … 65

어린 시절의 독서가 인생에 미치는 영향 [2] … 69

Part 3 · 내 아이를 바꾸는 아빠의 행복한 의무

1. 아빠의 독서가 필요한 세상 … 72

2. 아빠의 시야가 넓어지면 아이의 시야도 넓어진다 … 76

3. 심리적인 만족감을 느끼게 하라 … 80

4. 아이의 감정을 먼저 헤아려라 … 85

5. 하루 15분으로 현명한 아빠가 된다 … 89

\# 어린 시절의 독서가 인생에 미치는 영향 [3] … 93

Part 4 · 책을 좋아하는 아이로 만드는 독서 지도법

1. 독서 지도 전에 알아야 할 체크 포인트 … 96

2. 내 아이에게 맞는 독서법을 찾아라 … 104

3. 독서하는 분위기를 형성하라 … 108

   (1) 아이와 함께 서점, 도서관에 가라

   (2) 책 종류에 대한 편견을 버려라

   (3) 눈과 가까운 곳에 책을 둬라

   (4) 수준에 맞는 책을 골라라

4. 효과적인 독서 지도 전략 … 125

   (1) 상상력을 키우는 유아기

   (2) 직선과 사선을 구분하는 문자 학습 시기

   (3) 독서 습관이 필요한 초등 저학년

   (4) 표현력이 향상되는 초등 고학년

\# 어린 시절의 독서가 인생에 미치는 영향 [4] … 135

Part **5** 아이의 두뇌를 깨우는 부모의 독후 지도법

1. 틀에 박힌 독후감을 강요하지 마라 … 140
2. 수준별 독후 활동 방법 … 144
   (1) 자유와 관심이 필요한 유아기와 아동기
   (2) 바른 독후 활동이 필요한 초등 저학년
   (3) 깊은 사고를 하는 초등 고학년
3. 실생활에 활용하는 독후 활동 … 148
   (1) 책 내용 전달하기
   (2) 책 내용 표현하기
   (3) 가족들과 함께 하는 방법
   (4) 견학, 조사 등을 통한 독후 활동
어린 시절의 독서가 인생에 미치는 영향 [5] … 153

Part **6** 내 아이 독서 성향에 따른 문제 해결법

1. 독서 교육의 본래 목적을 잊지 마라 … 156
2. 독서 문제아 유형별 대처법 … 160
   (1) 책을 무조건 싫어하는 아이
   (2) 책의 내용이 전부인 것처럼 생각하는 아이
   (3) 책을 편식하며 읽는 아이
   (4) 다독한 후 독서량을 자랑하는 아이
   (5) 책을 읽고 감상이나 느낀 점을 말하지 못하는 아이
   (6) 책을 끝까지 읽지 못하는 아이
   (7) 사건이나 장면을 떠올리지 못하고, 줄거리 정리를 못하는 아이
   (8) 그 밖의 경우
어린 시절의 독서가 인생에 미치는 영향 [6] … 175

Part 7 / 엄마 아빠의 궁금증 Q&A
– 바쁜 엄마 아빠를 위한 궁금증 해결 ··· 178

Q1. 독서 지도가 가장 절실한 아이의 나이는?

Q2. 왜 책을 읽어야 하며, 책을 읽으면 어떤 점이 좋은가?

Q3. 독서의 본래 목적은 무엇인가?

Q4. 어떤 책을 선택해야 할까?

Q5. 온가족이 함께 하는 독서 교육 방법은 없을까?

Q6. 책 읽는 올바른 방법은?

Q7. 올바른 독서 지도를 위해서 부모가 절대로 해서는 안 되는 일은?

Q8. 책을 읽을 때 지켜야 할 바른 자세는?

Q9. 논술문은 어떻게 평가하며, 잘 쓴 논술문은 어떻게 구분할까?

Q10. 스칸디 맘(대디)이 바람직한가, 타이거 맘(대디)이 바람직한가?

Q11. 독서가 학습능력을 증진시킨다는 구체적 증거는?

Q12. 어떻게 해야 아이의 창의성을 키워줄 수 있을까?

Q13. 책 읽기를 싫어하는 아이들이 재미있게 독서할 수 있는 방법은?

Q14. 상대의 말뜻을 자의적으로 해석하는 아이, 무엇이 문제인가?

\# 어린 시절의 독서가 인생에 미치는 영향 [7] ··· 191

부록 창의력을 키우는 논술과 글쓰기 ··· 192
　　　통합 독서논술 학습능력 진단평가 ··· 201

에필로그
오늘을 살며, 미래를 준비하며 ··· 221

1960~70년대를 살았던 부모의 모습이 잘 그려져 있는 박목월 시인의 '가정'이라는 시가 있다. 이 시에서 시인은 아홉 마리의 강아지라는 표현으로 부모의 삶을 지탱하는 힘이자, 부모의 어깨를 짓누르는 자식의 모습을 형상화하고 있다. 먹고 사는 일 그 자체가 중요했던 시기에 오로지 자식들만을 바라보며 일을 해야 했던 부모들의 단면을 표현했다.

지금의 우리는 바로 이런 부모의 모습을 보고 자라왔다. 백열등 아래 책 읽을 틈도 없었고, 고단한 몸으로 책 읽을 여유도 없었다. 부모는 그저 묵묵히 집안일을 하는 기둥이었다. 단지 부모의 특권이 있다면 집안의 모든 권리를 쥐고 있는 실세였다는 것이다.

참으로 격변의 세월이 많이도 흘렀다. 흑백TV 하나만 있어도 동네에서 어깨에 힘을 주던 아이가 있었는데, 지금은 오히려 스마트폰과 TV, 컴퓨터 영상물 때문에 '비디오 증후군'을 걱정해야 하는 시대가 되었다. 인류의 역사를 놓고 보면 참으로 짧은 시간에 엄청난 변화가 일어났다.

부모의 역할에서도 부모의 역할의 중요하다는 그것 하나만 빼놓고는 모든 것이 변했다. 우리 부모들은 기존의 부모들이 했던 것을 그대로 따라 하다가는 시대에 뒤쳐진 낙오자의 길로 들어설 수밖에 없다.

아이를 위해서만이 아니라 바로 부모 자신을 위해서라도 끊임없는 시대의 변화에 대비를 해야 한다. 그러기 위해서는 먼저 내가 어떤 위치에 있는가에 대해서 알아볼 필요가 있다. 지금 내가 하는 행동이 아이들에게 어떤 모습으로 비춰지고, 아이들에게 어떤 영향을 미치고 있는지 좀 더 객관적인 입장에서 살펴볼 필요가 있다.

이것이 바로 〈하루 15분 독서혁명〉 프로젝트의 출발점이기도 하다.

Part 1

나는 어떤 부모일까?

01 먹고 살기 바쁜데 책을 읽으라고?

02 자녀교육도 가사분담 중 하나다

03 텔레비전과 스마트폰은 만능해결사

04 독서, 작심 1일로 끝난다

05 교육의 만병통치약, 독서와 독후감

▶ 어린 시절의 독서가 인생에 미치는 영향 [1]

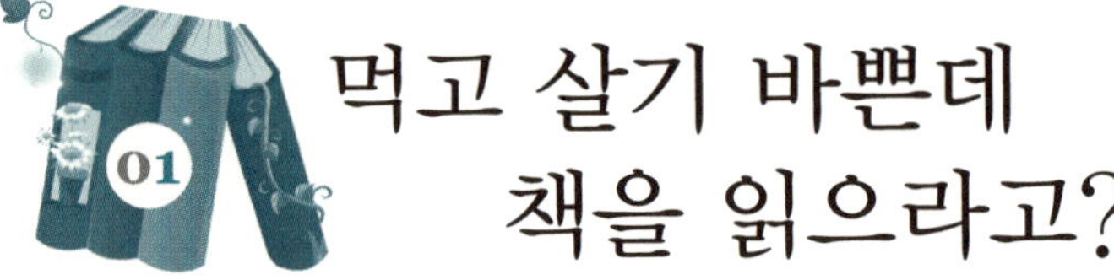

먹고 살기 바쁜데 책을 읽으라고?

"책은 무슨! 당장 먹고 살기도 바쁜데."

"배부른 놈들이나 하는 소리여!"

"책이 밥 먹여 주냐, 돈을 벌어다 주냐? 당장 일을 해야지."

우리 주변에는 이런 생각을 가진 부모들이 의외로 많다. 물론 일을 하지 않고 돈을 벌지 않으면 살기 힘든 세상이니까 어쩔 수 없는 상황이기도 하다.

"우리는 집안이 가난해서 공부를 할 수가 없었어. 너는 마음만 먹으면 얼마든지 공부할 수 있으니까 열심히 공부해서 우리처럼 살지 마라."

"우린 너만 믿는다. 공부 열심히 해서 우리가 못다 이룬 꿈을 이뤄야 한다."

바빠서 책을 읽을 수 없다는 부모들 중에도 자식에게만은 자기와 같은 고생을 시키지 않고 싶다면서 공부를 강요하는 경우가 많다. 현실적으로 공부를 잘하면 그래도 좀 여유 있게 사는 길로 들어설 수 있다고 생각하기 때문이다.

그런데 문제는 아이들은 어릴 때부터 보고 자란 부모의 행동을 그대로 본받게 된다. 부모가 책을 읽고 공부하는 모습을 보며 자란 아이들은 자연스럽게 책을 읽고 공부를 하지만, 공부하라는 소리만 들은 아이들은 오히려 공부와 점점 담을 쌓게 된다. 공부하라고 강요받은 아이의 마음속에는 이미 부담감이 쌓일 수밖에 없기 때문이다.

아이가 공부와 관계없이 부모의 가업을 물려받아 잇는다면 적어도 그 분야에서는 최고가 될 확률이 높을 것이다. 아이들은 부모의 일에 대한 열정을 보고 배우며 그대로 따라할 것이기 때문이다.

그러나 아이에게만큼은 좀 더 편하고 여유 있게 돈을 벌 수 있는 좋은 직업을 갖게 해주고 싶다면, 부모가 먼저 실천하는 모습을 보여야 한다.

공부의 첫 걸음은 독서이다. 어려서부터 책 읽는 습관이 들어 있지 않고, 책을 좋아하지 않는 아이가 공부를 잘하기란 참으로 어려운 일이다.

아이에게 필요한 것은 공부하라는 잔소리가 아니라 책과 자연스럽게 친해질 수 있도록 늘 책을 가까이 하는 부모의 모습을 보여 주는 것이다. 아이가 지금의 나보다 좀 더 여유 있게 살기를 바란다면 책 읽는 습관부터 갖도록 해야 하고, 바로 나부터 책 읽기를 즐겨야 한다.

그렇다면 어떤 방법으로 변화된 부모의 모습을 보여 줘야 할까? 먼저 현재의 모습부터 살펴보자.

경제적으로 왕성하게 활동하는 부모일수록 만성피로와 스트레스에 시달린다. 평일 저녁이면 파김치가 된 모습으로 집에 돌아오고, 휴일에는 내내 잠을 자다가 부스스 일어나서 넋을 놓고 텔레비전에 빠져드는 부모들이 많다. 특히 아빠들이 더욱 그러하다. 이런 부모일수록 아이들이 떠들고 시끄럽게 하는 것을 참지 못한다. 이 같은 아빠의 말에는 아랑곳하지 않고 아이들은 모처럼 얼굴을 마주하게 된 아빠가 자신들과 놀아주지 않는다고 불만을 쏟아내듯 쉴 새 없이 재잘거린다. 아이들이 귀찮아서, 또는 바빠서 같이 어울릴 수 없으면 차라리 솔직하게 자신의 처지를 아이들에게 설명하는 것이 좋다. 부모가 아이들을 귀찮아하거나 번

번이 바쁘다는 핑계를 댄다면 아이들과 점점 멀어지는 것은 당연한 일이다. 엄마나 아빠가 자신들과 함께하는 것 자체를 귀찮아한다는 것을 아이들이 알면 아이들도 자연히 부모를 멀리하게 된다.

특히 아빠가 아이들과 놀아 주는 것이 귀찮을 때마다 독서를 권한다면 아이는 큰 소외감을 느끼게 된다. 어릴 때부터 아이들은 자신도 모르게 아빠하고는 어울릴 수 없다고 생각한다. 이러한 상황에서는 당연히 책을 읽는 것이 즐거운 일이 될 수 없다. 또 다른 누군가가 독서를 권할 때도 아빠가 독서를 권할 때와 같은 소외감을 느낄 것이다.

그렇기 때문에 아무리 바쁘고 피곤하더라도 아이와 함께 시간을 보내야 하고, 쉬는 시간을 방해받고 싶지 않다는 이유로 아이에게 독서를 권할 것이 아니라 아이와 함께 책을 보도록 하자. 그리고 아이의 세계를 함께 이야기하며, 아빠의 사회생활 이야기를 들려주는 것도 좋다. 아이들과 함께 놀며 아이들의 눈높이에 맞춰 이야기를 나누다 보면 사회생활을 하면서 얻은 스트레스쯤은 한 방에 날아갈 것이다.

그리고 잠들기 전이나 화장실에서라도 틈틈이 책을 펼칠 수 있는 여유를 가져라. 그러면 아이들도 부모가 읽는 책을 자연스럽게 접하게 될 것이고, 나중에는 자연스럽게 책 내용으로 이야기를 나눌 수도 있다. 이러한 작은 실천으로도 독서하는 습관을 갖도록 하는 데 큰 도움이 된다.

독서 습관은 어려운 것이 아니다. 언제든지 손을 뻗으면 닿을 수 있는 곳에 책을 두고 습관적으로 펼쳐보는 실천만 있으면 아이들도 책에 대한 거부감이나 두려움을 버리고 자연스럽게 책과 친해질 수 있을 것이다.

시간이 없어서 독서하지 못한다고 하는 사람은 시간이 있어도 독서하지 못한다.
    – 회남자

자녀교육도 가사분담 중 하나다

중국 속담에 '웃지 않으려면 가게 문을 열지 마라.'는 말이 있다.

물론 이 말은 장사를 잘하려면 항상 웃을 줄 알아야 한다는 교훈이다. 또한 이 말은 전날에 부부싸움을 했거나 뭔가 기분 나쁜 일이 있어서 도 저히 웃을 자신이 없다면 차라리 가게 문을 닫는 것이 좋다는 뜻으로도 쓰이고 있다.

가게 문을 닫아 놓으면 찾아왔던 손님이 '무슨 사정이 있나 보군.' 생 각하고 다음날 또 찾아올 수도 있지만, 괜히 가게 문을 열어놓고 인상 을 쓰고 있다면 그때 찾아왔던 손님들은 앞으로 영영 그 가게를 찾지 않을 수 있다는 사실을 명심하라는 것이다. 설사 가게 문을 열고 억지 로 웃는다 하더라도 무의식중에 손님한테 불친절하게 대할 수 있으니 까 차라리 가게 문을 닫고 하루 쉬는 것이 단골손님을 놓치지 않는 방 법일 수 있다.

자녀교육도 이와 마찬가지이다. 마치 단골손님을 모시듯이 공을 들여 야 한다.

자식을 아무리 잘 키우고 싶더라도 부모가 먼저 웃으며 잘사는 모습을 보일 수 없다면 차라리 자식에게 훈계도 하지 않는 것이 낫다. 내가 아무리 좋은 뜻으로 이야기한다 하더라도 내가 먼저 행하고 있는 것이 아니라면 아이에게는 그 이야기가 한낱 잔소리로밖에 들리지 않아 오히려 부작용을 일으킬 수 있다.

자식 교육은 말보다 부모의 행동이 더 큰 영향을 미친다. 많은 부모들이 이 사실은 잘 알고 있다. 그러나 이게 참 말처럼 쉽지가 않다.

이처럼 어려운 일을 아내에게만 맡겨 둔다는 것은 문제가 있다. 자신은 집안에서 마음대로 하면서 아내에게만 항상 아이에게 모범을 보이는 삶을 살라고 강요한다는 것은 그 자체로서 한계를 지니고 있다.

"당신이 알아서 해. 가뜩이나 바깥일도 힘든데 집안일까지 내가 일일이 신경을 써야겠어?"

"애들 교육은 집안에서 해야 하는 것 아냐?"

아내가 전업주부로 있는 경우에 부모들은 대개 이렇게 말을 한다. 맞벌이를 하면서도 집안일은 아내가 하고, 바깥일은 남편이 하는 것을 가사분담이라고 생각하는 경우도 있다. 그래서 당연히 아이들 교육도 엄마가 전적으로 책임을 져야 한다고 아빠들은 생각한다. 아이들이 조금이라도 자신의 뜻대로 따라주지 않으면 아내를 책망하기 시작한다.

"도대체 집구석에서 애들 교육을 어떻게 시킨 거야?"

"애들이 아빠가 퇴근을 해도 쳐다보지도 않잖아? 도대체 이 집에서 나는 뭐야?"

집안일을 해본 사람은 알겠지만, 집안일 중에 가장 어려운 일이 바로 자식 교육이다. 방청소나 집안 정리야 내가 하고 싶은 대로 하면 얼마든지 잘할 수 있지만, 자식 교육은 그야말로 내가 하고 싶은 대로 한다고 그대로 되는 것이 아니기 때문이다.

한마디로 말하면, 장사는 웃을 자신이 없을 때 가게 문이라도 닫으면 되지만, 자식 교육은 웃을 자신이 없다고 집안 문을 걸어 잠글 수는 없다.

아이들은 엄마가 기분이 좋거나 나쁘거나 엄마의 영향을 그대로 받을 수밖에 없다. 따라서 엄마의 심리적인 상태가 아이에게 결정적인 영향을 미칠 수밖에 없는 것이다. 이때 집안에서 남편과 대화가 단절된 상태에서 아이의 교육을 떠맡게 된 아내의 입장을 조금이라도 헤아려야 한다. 아빠가 슈퍼맨이 아니듯 엄마도 슈퍼우먼이 아니다.

사람은 무엇엔가 집착을 하게 되면 객관적인 판단력을 잃어버릴 수밖에 없다. 남이 하는 것은 잘못된 것인 줄 아는데, 막상 내가 집착을 해서 할 때는 그것만이 전부인 것처럼 생각한다.

엄마에게 아이 교육을 맡겨둘 때 생길 수 있는 문제가 바로 여기에 있다. 엄마 혼자 아이의 교육을 책임져야 하는 집안일수록 내 아이를 최고로 만들겠다는 욕심에 집착하게 되고, 그러다 보면 어떤 것이 아이를 최고로 만드는 방법인지 생각할 수 있는 객관적인 잣대를 잃어버리게 된다. 이때 엄마는 아이의 입장이나 능력은 생각하지 않고, 그저 다른 사람들이 아이 교육에 좋다는 것만 찾아서 다 시키려고 한다. 독서가 아이 교육에 좋다고 배운 엄마가 먼저 스스로 책을 읽는 모습을 보이는 것이 아니라 아이에게 독서의 중요성을 강요하기만 한다.

물론 최근에는 주민 센터나 도서관 등에서 운영하는 평생학습이 있어서 부모 교육이 많이 이루어지고 있다. 많은 엄마들이 부모 교육에 적극적으로 참여하고, 독서 지도법을 배우면서 좋아지고 있다. 그러나 아이를 가르치려드는 마인드는 크게 벗어나지 못하고 있는 것이 현실이다. 당장 눈앞에 보이는 성과에만 매달리는 마음을 버리지 못하는 것이라 할 수 있다.

이것은 전업주부들이 가장 빠지기 쉬운 함정이다. 집에서 아이들을 돌봐야 한다는 강박관념이 자칫 아이를 관리 감독하는 역할을 하도록 부추기게 만드는 것이다. 그러다 보니 아이들은 엄마의 지나친 통제와 간섭으로 오히려 엄마를 귀찮게 여기는 경우가 많다.

이에 비해 사회 경험이 풍부한 아빠들이 이러한 현실을 충분히 인식하고 조금만 더 관심을 갖고 아이 교육에 참여한다면 객관적으로 내 아이를 지켜볼 수 있고, 아내가 아이 교육에 필요한 객관적인 시각을 잃지 않도록 보조해 줄 수 있다.

그동안 엄마에게 아이 교육에 대한 모든 것을 맡겨둔 아빠일수록 아이 교육에 조금만 관심을 기울여도 아이에게는 좋은 부모가 될 수 있다. 경쟁에서만 살아남게 하는 것이 교육에 대한 관심이 아니라는 점을 잊지 말아야 한다. 아이의 숙제를 봐 주고, 아이가 읽은 책에 대해서 잠깐이라도 이야기를 나누는 시간을 가진다면 아이들에게는 큰 힘이 된다.

자기의 자식에 대하여 잘 알고 있는 아버지는 슬기롭다.

– 셰익스피어

텔레비전과 스마트폰은 만능해결사

요즘 들어 아이들을 텔레비전 앞에 방치하거나 스마트폰을 안겨 주는 부모들이 늘고 있다. 가뜩이나 바쁜 일이 있을 때, 아이가 놀아 달라고 하여 귀찮을 때 아이들을 손쉽게 떼어놓는 방법 중의 하나라 할 수 있다. 심지어 어린이집에서 아이들을 한꺼번에 관리하기 힘들다는 이유로 텔레비전이나 비디오를 틀어 주는 것으로 대체하는 경우도 많다. 더구나 요즘은 스마트폰에 빠져 있는 부모들이 늘면서 아이들도 스마트폰 앞에 방치하기도 한다.

문명의 기기는 반드시 그에 따르는 후유증을 불러 일으켰다. 스마트폰과 텔레비전, 컴퓨터가 보편화 되면서 비디오 증후군이라는 신종 질병이 우리의 아이들을 노리고 있다. 비디오 증후군은 어릴 때 텔레비전이나 비디오, 또는 컴퓨터 동영상 등을 지나치게 보았을 때 생기는 자폐 증상이나 발달 장애를 보이는 것을 뜻한다.

아이들이 텔레비전이나 비디오 또는 컴퓨터 영상물에 지나치게 빠져들다 보면, 자신도 모르게 사람들과의 의사소통을 어려워하거나 부모와 눈 맞추는 것을 두려워하고, 또래 집단과도 어울리지 못하게 된다. 한때 아이들에게 조기교육을 시킨다고 어릴 때부터 영어 비디오를 틀어 주어서 효과를 봤다는 광고들이 있었다. 실제로 효과를 본 사람이 얼마인지 정확한 통계자료는 없지만, 오히려 그로 인한 부작용이 사회적인 문제로 대두되고 있다.

일본이나 미국에서는 이미 오래 전부터 비디오 증후군이 사회적인 문제로 이슈화되었지만, 우리는 이 문제에 대해 심각성을 느끼는 부모가 아직 그리 많지 않다. 또한 많은 부모가 비디오 증후군이 무엇인지 안다고 하더라도 어떻게 대책을 세워야 하는지 정보가 부족한 것이 사실이다.

텔레비전이 우리 생활에 영향을 미치기 시작한 것은 1936년 11월 2일 영국 BBC가 첫 방송을 한 이후 채 한 세기도 되지 않았다. 우리나라에는 1956년 5월 12일에 처음으로 방송이 시작되었지만 정식으로 방송을 탄 것은 KBS-TV가 개국한 1961년 12월 31일로 해야 한다. 불과 50년 전의 일이지만, 어느덧 엄청난 파급력을 과시하고 있다.

미국 콜롬비아 대학 제프리 존슨 교수 팀이 청소년 700명을 20년 간 추적 관찰한 결과를 발표했다. 텔레비전 시청 시간이 하루 3시간 이상인 14세 청소년들이 1시간 미만인 아이들보다 학업을 중도에 포기한 사례가 2배가 많다는 결과였다. 텔레비전 시청이 아이들의 학업에 큰 영향을 끼친다는 것이 증명된 것이다.

또한 텔레비전 시청은 아이들의 음식에 대한 정상적 신체 반응을 파괴한다는 보고서가 나왔다. 뉴욕 주립 버펄로 대학 탬플 박사 팀은 아이들에게 한 부류는 텔레비전을 연속적으로 보게 하고, 또 한 부류는 15분 간격으로 반복적으로 보게 했고, 나머지에게는 아예 보여 주지 않는 실험을 했더니, 텔레비전을 연속적으로 시청한 아이들이 월등하게 음식을 많이 먹었다는 연구 결과를 발표했다. 텔레비전 시청이 아이들 비만에 큰 영향을 끼친다는 것이다.

더구나 요즘은 텔레비전뿐만 아니라 컴퓨터와 스마트폰이 발달하면서 아이들의 학습을 저하시키는 요소는 더욱 가중되었다.

아이가 다음과 같은 증상을 보인다면 텔레비전이나 비디오에 너무 방치하지나 않았는지 반성해야 한다.

① 사람들과 잘 어울리지 못하거나 사람들과 눈을 잘 맞추지 못하는 경우
② 텔레비전이나 비디오, 스마트폰을 끄면 울고불고 난리를 치는 경우
③ 인지나 정서적 발달이 늦다고 생각되는 경우
④ 아이가 텔레비전이나 컴퓨터, 스마트폰 화면에 지나치게 집착을 하는 경우

모두 비디오 증후군의 초기 증상이다. 전문가들은 24개월 이전의 아이들에게는 스마트폰이나 텔레비전, 비디오와 같은 영상물에 노출시키는 것은 위험하다고 말한다. 24개월 이전에 정서, 언어, 인지 발달이 가장 많이 이루어지는 시기라 상호 접촉에 의한 반복 학습이 중요하다는 것이다.

텔레비전이나 컴퓨터는 사람과 사람 사이에 거리를 두고 이루어지는 일방적인 관계에 놓여 있는 인지작용이기 때문에 어릴 때 그것이 뇌리에 각인되면 그것이 아이의 평생 운명을 좌우할 수가 있다는 것이다. 실로 섬뜩한 지적이다.

텔레비전은 보도와 교양 그리고 오락의 기능을 가지고 있다. 그 중 가장 큰 문제점을 드러내는 것이 드라마, 코미디, 토크쇼 등 시청률을 좌우하는 오락의 기능을 맡고 있는 프로그램들이다.

방송국에서는 어떻게든지 이윤을 창출해야 하기 때문에 광고료를 올리기 위해서 시청률에 신경을 써야 한다. 그러다 보니 폭력적이고 선정적이고 자극적인 내용들로 프로그램이 채워지고 있다. 전국의 수많은 사람들이 텔레비전 앞에 앉아서 이처럼 부도덕한 성적 묘사나 폭력물에 물들어 가면서 자신도 모르게 도덕적 규범에 대한 판단이 둔화되기 시작한다.

혹자들은 프로그램의 교양적 기능을 예로 들며 텔레비전의 순기능적인 측면도 이야기하고 있다. 물론 분명히 텔레비전의 좋은 점이 있는 것은 부정할 수가 없다. 그러나 과연 교양적 기능을 담고 있는 프로그램 앞에 얼마나 많은 사람들이 앉아 있느냐는 것이다.

텔레비전에서 교양 프로그램은 이제 구색 갖추기에 불과해서 점점 시청률이 떨어지는 시간대로 밀려나고 있다. 더구나 요즘에는 유선방송이다, 케이블 TV다 해서 24시간 오락 프로그램만 방송하는 채널도 있고, 24시간 시도 때도 없이 불륜 드라마나 선정적인 영화만 방송되는 채널도 있다.

이처럼 사람들이 텔레비전을 찾는 이유는 즐기기 위한 것이 대부분이다. 뭔가 깊이 생각하는 것보다는 그냥 부담 없이 보고 즐기고 싶은 마음에 텔레비전을 찾게 된다. 텔레비전 그 자체가 즐기기에 편리한 부분도 있지만, 어릴 때부터 들여온 습관에서 크게 벗어나지를 못하는 것이다.

따라서 술을 끊겠다고 술자리만 피한다고 되는 것이 아니듯이 텔레비전 시청을 줄이기 위해서 책만 펼쳐든다고 쉽게 되는 것이 아니다. 텔레비전을 통해서 얻을 수 있었던 재미 이상의 것을 또한 책에서 추구할 수 있어야 한다.

아이들에게도 마찬가지이다. 텔레비전보다 독서가 좋다고 무조건 강요만 하고, 책상 앞에 앉혀만 놓는다고 쉽게 되는 것이 아니다. 아이들이 책에서 재미를 느낄 수 있는 원인 제공을 해야 한다. 처음부터 무조건 아이들한테 좋다는 책만 권할 것이 아니라 아이들이 책과 친숙해질 수 있도록 배려를 해야 한다. 아이들이 좋아하는 책을 먼저 고르게 한 다음에 책 읽는 것을 즐기는 습관을 갖도록 기다릴 줄도 알아야 한다. 물론 그러기 위해서는 부모부터 독서를 단지 아이를 위한 목표로서가 아니라 나 자신의 인생을 즐기는 한 부분으로 삼을 수 있어야 한다.

더 이상 텔레비전이나 비디오, 컴퓨터 영상물에 아이들을 방치할 수는 없다. 더 이상 아이들을 학원에 맡겨 떠먹여 주는 지식만 습득하게 할 수는 없다. 그것이 지금 당장은 편하고, 지금 당장은 성적이 좋을지 모르지만, 자칫하면 아이의 인생을 망칠 수 있는 길이기 때문이다.

비디오 증후군을 넘어 스마트폰 중독에 이른 현재, 어른보다도 더 큰 위험에 빠진 아이들을 스마트폰 중독에서 빠져나오게 하기 위한 다양한 시도가 이루어지고 있는데, 그 중 하나가 스마트폰 대신 2G폰을 사용하도록 한다는 것이다. 학교에서는 학생들의 스마트폰 사용을 줄이기 위해 쉬는 시간에 다함께 참여하는 프로그램을 마련하여, 짧은 시간이지만 10분이라도 스마트폰 사용을 줄여 학업에 방해가 되는 요소를 제거하려는 노력을 하고 있다.

이것은 아이들만의 문제가 아니다. 부모들 중에도 알게 모르게 스마트폰 중독에 빠져든 사람이 많다는 통계조사가 나오고 있다. 부모도 수시로 자신의 상태를 돌아보며 텔레비전과 스마트폰의 사용을 절제해 나가야 한다. 결코 쉬운 일이 아니다. 우선 스마트폰을 떼어 놓으면 심심해서 견딜 수 없는 정도라면, 그 시간에 책을 펼쳐보는 습관을 가져보자. 처음에는 힘이 들겠지만 자꾸 습관을 들이다 보면 나름대로 책 읽는 재미에 빠져들면서 점차 시간을 줄여 나갈 수 있다. 지금이라도 더 깊이 빠져들기 전에 심각성을 인식하고, 스마트폰 대신 책을 가까이 하는 시간을 늘려 나가야 한다.

　부모가 아이들 앞에서 스마트폰 사용을 줄이는 모습을 보여야 하고, 아이들의 교육에 있어 지나친 영상물을 활용한 교육은 오히려 아이들을 위험한 상황으로 빠뜨린다는 것을 잊어서는 안 된다. 자신의 안일했던 행동을 반성하고 고쳐나가야 한다. 더 이상 아이들의 울음 대피처나 귀차니즘에 빠진 부모의 대피처로 텔레비전, 컴퓨터, 스마트폰을 사용해서는 안 될 것이다.

하버드대 졸업장보다 소중한 것이 독서 습관이다.

－ 빌 게이츠

독서, 작심 1일로 끝난다

병 중에서 가장 큰 병은 '식통(識痛)'이라는 말이 있다. '아는 것은 많은데 아는 대로 행동에 옮기지 못하는 사람이 걸린 병'이라는 뜻이다.

이 말은 매사에 잘난 척하는 사람을 비웃을 때 쓰는 말이기도 하지만, 무엇을 알았으면 바로 실천할 수 있는 습관이 더 중요하다는 점을 강조할 때 쓰는 말이기도 하다. 무엇이든지 아는 것만으로는 힘이 될 수 없고, 그 아는 것을 실천할 수 있어야만 힘을 발휘한다.

중국 당나라 시대의 대표적인 시인으로 유명한 백낙천이 젊은 나이에 벼슬에 올라 한 고을의 수령으로 가게 되었다. 그때 백낙천은 자기 고을에 도림선사라는 훌륭한 스님이 있다는 말을 듣고 시험을 해보러 찾아갔다.

도림선사는 높은 나무 위에 올라가 참선을 즐기곤 했는데, 백낙천이 찾아갔을 때도 높은 나무 위에서 참선을 하고 있었다.

"스님, 그곳에서 떨어질까 봐 걱정입니다."

"나는 당신이 있는 곳이 더 위험해서 걱정이오."

이 말을 듣고 뭔가를 느낀 백낙천은 도림선사가 나무 위에서 내려오자 정식으로 자리를 청하고 물었다.

"제가 앞으로 어떻게 하면 이 고을을 잘 다스릴 수 있겠습니까? 또한 앞으로 어떻게 하면 스님과 같은 높은 도를 이룰 수가 있겠습니까?"

그러자 도림선사는 이렇게 말을 했다.

"제악막작(諸惡莫作) 중선봉행(衆善奉行)하고 자정기심(自淨其心)하시오."

모든 나쁜 일은 하지 말고, 모든 착한 일을 받들어 실천하면서 항상 그 마음을 깨끗이 하라는 뜻이었다.

이 말을 듣고 백낙천은 실망하여 무뚝뚝하게 대답했다.

"그것은 세 살 먹은 아이도 아는 것이 아닙니까?"

그러자 선사는 이렇게 대답을 했다.

"그렇소. 세 살 먹은 아이도 알기는 쉬워도 여든 먹은 노인도 실천하기는 어려운 일인 것이오."

백낙천은 이 말을 듣고 그동안 자신이 너무 잘난 척하며 살아온 것에 대한 잘못을 깨달았다고 한다. 젊었을 때 겪었던 도림선사의 교훈을 바탕으로 나중에 훌륭한 인물이 될 수 있었던 것이다.

알면 아는 만큼 습관을 들이는 훈련을 해야 한다. 아이들은 부모의 모습을 보고 배우며 그대로 따라한다. 상황을 바꿔서 생각해 볼 수도 있다. 이러한 상황이라면 내 아이에게 뭐라고 하게 될까?

아마도 실천하는 노력을 해야 습관이 든다는 말을 할 것이다. 아이에게 그렇듯이 부모에게도 중요한 것은 작은 일부터 실천하려는 노력이다.

독서가 좋다는 것을 안다면 먼저 책부터 손에 들어야 한다. 처음에는 좀 쉽게 읽히는 책부터 펼쳐 보라. 책을 읽지 않는 아이가 책을 읽도록 처방하는 방법과 같다. 아는 데 그쳐서는 절대로 습관을 들일 수 없다. 처음에는 힘이 들더라도 자꾸만 해봐야 습관이 된다.

매일, 조금씩, 차츰차츰 책 읽는 시간을 늘리는 것이 좋다. 재미가 솔솔 붙기 시작하면 이미 성공하고 있는 자신을 칭찬하라. 그런 부모의 모습을 보고 아이도 성장할 것이다.

이제 책과 조금이라도 가까워졌다 싶으면 환경을 바꿔보는 것이 좋다. 맹자의 어머니가 이사를 한 이유는 환경을 바꾸지 않고는 아들의 습관을 바꾸기 어렵다는 것을 알았기 때문이다. 텔레비전과 컴퓨터가 문제라면 이들을 멀리 할 수 있는 환경을 만들어야 한다. 그렇다고 현대사회를 살면서 이것들과 아예 담을 쌓고 살 수는 없으니 버릴 수는 없다.

'아이들에게 책 읽는 모습을 들켜라!' '향 싼 종이에 향내가 나듯 서재 속에 묻힌 아이한테 독서가 있다.'는 말이 있다. 이처럼 집안에 번듯한 서재가 있으면 최고의 환경을 갖추는 것이다.

텔레비전이나 컴퓨터는 가급적 거실 같은 열린 공간으로 내놓고, 스마트폰은 최대한 활용하는 시간을 제한해야 한다. 그러나 강제로 하다 보면 아이가 반발하는 등 부작용이 있을 수 있으니, 구체적인 방법에 대해서는 현실에 맞게 아이들과 대화를 통해 찾아가는 것이 좋다.

그리고 무엇보다 부모가 먼저 실천할 수 있어야 한다. 텔레비전 시청이나 컴퓨터 사용 시간을 지키고, 저녁 9시 이후로는 모든 가족이 스마트폰을 사용하지 않기로 약속하거나 한 곳에 스마트폰을 모두 모아 두었다가 아침에 함께 찾아가는 것도 좋은 방법이다. 그리고 그 시간에 대신 독서를 하는 모습을 보이는 것이다. 부모가 먼저 실천하면 아이들은 큰 반항 없이 따라오게 되어 있다.

이제 작심 1일로 끝났던 책 읽기가 아닌, 하루 1분이라도 책을 읽지 않으면 무언가 빠진 듯한 허전함을 느껴보라. 그 만족감은 두 배가 될 것이고, 그런 당신의 모습을 보고 자란 아이는 책과 저절로 친해지게 되어 어느새 독서하는 습관을 갖게 될 것이다.

책은 생명의 나무요, 사방으로 뻗은 낙원의 강이다.

― 베리

교육의 만병통치약, 독서와 독후감

"책을 읽었으면 독서 노트로 독후감을 써야지."

"처음에는 책을 10권씩 읽을 때마다 만 원씩 용돈 준다고 했잖아요. 그런데 왜 약속이 틀려요?"

"무슨 약속이 틀린 건데?"

"처음에는 독후감 이야기도 없었잖아요. 그런데 지금은 왜 독후감을 써야 한다고 하는데요? 약속 위반이잖아요."

"그러면 엄마가 네가 진짜로 책을 읽었는지, 안 읽었는지 어떻게 알겠니? 독후감을 쓰지 않은 책은 읽은 것으로 인정할 수가 없어. 무슨 말인지 알지?"

실제로 우리 주변에는 아이가 책을 끝까지 읽었는지, 책을 보고 무엇을 느꼈는지를 가장 확실하게 알 수 있는 방법이 독후감이라고 생각하는 부모들이 많다.

아이 교육에 독서가 좋다니까 아이에게 전집류를 잔뜩 사주고 책을 읽을 때마다 돈을 주겠다거나, 아이가 원하는 것을 하나씩 들어 주겠다고 약속을 하는 것이다. 아이들은 자신들이 원하는 것을 얻기 위해 열심히 책을 읽고 독서 노트에 독후감도 잘 기록한다. 겉으로 봤을 때 아주 원만하게 독서 교육이 잘 이뤄지고 있는 모습으로 보인다.

하지만 이것은 결코 좋은 방법이 아니다. 초등학교 저학년 때만 해도 책 읽기를 좋아하던 아이가 고학년으로 갈수록 싫어하는 이유 중 하나가 독후감에 대한 부담감 때문이다. 독서 논술지도사 과정을 운영하면서 어른들에게 독후감 숙제를 내주면 엄청난 부담감으로 중간에 그만두는 경우를 많이 봤다. 독후감에 대한 부담감이 얼마나 큰지 보여 주는 사례다. 어른들이야 중간에 그만 두면 그만이지만, 아이는 엄마한테 혼나지 않기 위해서라도 억지로 해야 하니 그 중압감이 얼마나 크겠는가?

책을 읽었으면 반드시 독후감을 써야 한다고 몰아붙이는 것은 오히려 아이를 해치는 길이다. 이런 아이들 중에 책을 싫어하는 아이가 생기는 것이고, 급기야 독서 때문에 엄마까지 미워하게 만들 수 있기 때문이다.

물론 세상에 완벽한 방법은 없다. 장을 담그면 구더기가 생기는 것은 어쩔 수 없는 것처럼 아무리 좋은 것도 흠집은 있기 마련이다. 일기 숙제를 내주는 교육 방법도 이와 마찬가지라고 볼 수 있다. 일기 숙제를 반대하는 사람들의 주장만 들어보면 분명히 문제가 있다. 그러나 또 한편으로 일기 숙제를 찬성하는 사람들의 주장을 들어보면 분명히 교육적인 효과가 있는 것이 사실이다.

독서 노트도 일기 쓰기와 같다고 할 수 있다. 독서 노트는 분명히 좋은 점이 많다. 자기가 읽은 책을 체계적으로 정리하면서 독서의 효과를 배가시킬 수 있기 때문이다. 하지만 어릴 때 아이들이 자발적으로 필요에 의해서 작성한 독서 노트가 아니라 형식적으로 독서 노트를 만들기 시작한 아이들은 많은 문제점을 갖고 있다.

누군가에게 검사를 받기 위해 독후감을 쓰는 것은 아이들에게 부담으로 다가오기 쉽다. 누군가가 내 글을 볼 거라는 생각 때문에 자신의 느낌을 솔직하게 표현하는 것을 꺼릴 수 있다. 그러다 보니 책을 읽으면 줄거리를 요약하는 것으로 끝나는 경우가 많다. 책을 통해서 원래 얻어야 하는 삶의 지혜를 놓치고 있는 것이다. 특히 요즘은 인터넷이 발달해서 얼마든지 마음만 먹으면 인터넷 자료를 가져와서 독서 노트를 쉽게 만들 수 있다.

어릴 때부터 검사 받기 위해서 독후감을 기록하는 습관을 들인 아이들은 나중에 부작용이 생기기 마련이다. 책을 읽으면 내용을 제대로 이해하지 못하고, 그저 줄거리만 파악하는 것으로 그치거나 심한 경우에는 인터넷의 도움 없이는 줄거리도 제대로 파악하지 못하게 된다. 이 아이들은 어려서부터 독서의 본래 목적을 놓치고 독서 자체를 강요하는 독서 습관에 길들여져 온 것이다. 이것은 분명 독서를 만병통치약으로 생각하고 아이에게 일방적으로 독서를 강요하는 부모들 때문에 나타난 역효과라 할 수 있다.

독서를 통해서 얻으려고 하는 것은 삶의 지혜이지, 독서 노트를 기록하는 기술이 아니다. 독서 노트는 효과적인 독서를 하는 과정에서 스스로 작성할 수 있게 만들어야 한다. 숙제처럼 검사용으로 독서 노트를 만드는 습관을 들이게 해서는 안 된다.

"책 읽고 느낀 소감이 뭐야?"

아이들은 이런 질문을 받을수록 엄마와 책을 점점 멀리하게 된다. 책을 읽고 즐길 수 있는 분위기를 만들어 줘야 하는데, 아직 이런 방법에 미숙하기 때문이다.

"엄마는 이 책을 읽고 이런 점을 느꼈는데, 너는 이런 부분에 대해서 어떻게 생각해?"

아이를 위한다면 먼저 엄마가 책을 읽어보고 이런 식으로 대화를 시도하는 것이 좋다. 간혹 엄마가 잘 모르는 것처럼 표정을 지어가며 물어 보면 아이들은 더욱 좋아한다. 엄마가 같이 읽고 풍부한 이야기를 나누다 보면 아이는 책과 함께 엄마와 공감할 수 있는 부분이 많아져서 좋아하게 된다. 아이에게 독후감을 꼭 쓰게 하고 싶다면 엄마가 먼저 써보고 방향을 제시해 주는 것이 좋다.

> 닥치는 대로 읽고 그저 그것을 기억하고만 있는 사람은 지식이 없는 바보이다.
>
> – 비링그스

생전에 실패라는 말을 몰랐던 에디슨

우리는 에디슨이 어릴 때 호기심이 많고 엉뚱했기 때문에 학교를 일찍 그만 두었다는 것을 잘 알고 있다. 그러나 그가 어릴 때부터 지독한 독서광이었다는 사실을 아는 사람은 많지 않다.

그가 전구를 발명하는 데는 2천 번이 넘는 실패가 있었다고 한다.

그가 마침내 전구를 발명하자 이 사실을 아는 신문 기자들이 이렇게 물었다고 한다.

"당신은 그동안 2천 번이 넘는 실패를 했다고 하는데 그때의 기분은 어땠나요?"

그러자 에디슨은 이렇게 말했다고 한다.

"실패라뇨? 나는 그동안 수많은 시도를 했지만 한 번도 실패한 적은 없었어요. 매번 이렇게 하면 불이 안 들어온다는 새로운 것을 알아 가는 과정이었을 뿐이었죠."

그의 모든 발명의 근원은 그야말로 어릴 때부터 독서로 다져진 끈기와 집념이 만들어 낸 결과라고 할 수 있다.

그는 평생에 걸쳐 350만 쪽에 달하는 책을 읽었다고 한다. 이 분량은 거의 매일 한 권씩 30년을 걸쳐 읽어야 하는 양이다.

또한 그는 평소에 보거나 들은 것은 무엇이든지 바로 메모를 하는 습관이 있었다고 한다. 그렇게 평생에 걸쳐 기록한 메모 노트가 3,400여 권이나 발견됐다고 하니 위대한 발명가는 결코 저절로 만들어지지 않는다는 것을 증명하고 있다.

학창 시절에는 선생님이 싫으면 그 과목도 싫어지게 된다. 그러면 유독 그 과목의 점수가 바닥을 칠 수밖에 없다. 아예 그 과목 자체에 흥미를 잃었기 때문이다. 아무리 예습·복습을 하려고 해도 손에 잡히지 않는다. 선생님에 대한 반항 심리가 자신도 모르게 내면에서 작용하기 때문이다. 이처럼 어떤 대상에 대한 감정이 그와 약간의 관련성이 있는 다른 대상에 옮겨지는 것을 심리학에서는 '감정의 전이'라고 한다. 수학 선생님이 싫으면 수학이 싫어지는 이유가 바로 여기에 있다. 선생님에 대한 감정이 그와 관련이 있는 수학으로 전이된 결과라 할 수 있다.

대부분의 부모들은 선생님과 과목은 별개라 생각하고 속도 모르는 말을 한다. 물론 이론상으로는 과목이 아닌 선생님이 싫을 뿐인데, 해당 과목 성적이 떨어지는 것은 이해되지 않는 부분이다. 그러나 그것이 이론처럼 쉬운 게 결코 아니기에 심리학에서도 심도 깊게 다루고 있다. 따라서 이 문제를 말처럼 쉽게 여겨서는 안 된다. 평소의 생각보다 좀 더 심각하게 접근해야 할 문제인 것이다. 감정의 전이란, 부모가 싫으면 부모와 관련된 모든 것이 싫어질 수도 있다는 뜻이기 때문이다. 즉 평소에 부모가 마음에 들지 않으면, 아이는 자기도 모르게 부모와 관련된 일은 하지 않으려는 심리에 조종당할 수 있다.

부모를 좋아하는 아이는 어떻게든지 부모가 원하는 대로 따라 하기 마련이다. 그런데 아이와 함께 놀아 주고, 원하는 것을 들어 주는 것만으로는 한계가 있다. 독서는 아이와 무궁무진한 이야깃거리를 제공한다. 잠깐이라도 같은 책을 읽고 아이와 이야기를 나누다 보면 공감의 폭도 넓어지고, 이야기를 나눌 때 공통분모가 많아져서 그만큼 친밀도도 느낄 수 있다. 어떻게 하면 독서를 통해 아이와 좀 더 쉽게 소통할 수 있을지, 그 방법에 대한 고민이 필요하다.

Part 2

소통의 폭을 넓히는 독서

01 아이의 선택을 존중하라

02 아이에게 책만 권하는 부모의 실수

03 미디어를 활용한 독서로 소통하라

04 함께 고민하고 공감하는 부모와 아이

05 부모와 아이를 알아가는 소통의 도구

▶ 어린 시절의 독서가 인생에 미치는 영향 [2]

01 아이의 선택을 존중하라

"엄마, 교수님 좀 만나줘. 아무래도 학점이 좀 걱정이 돼서 그래."

요즘 대학생 중에는 이러는 학생도 있다고 한다. 그동안 학원이나 과외를 통해서 자기중심적으로 공부를 했기 때문에 모든 것이 자기중심적이고, 부모 의존적이어서 대인관계도 원만하지 못하다. 대학 학점까지 부모에게 의존하려는 현실을 어떻게 받아들여야 할까?

"엄마, 사장님 좀 만나줘. 아무래도 회사 생활이 좀 걱정이 돼서 그래."

직장에서도 이런 일들이 벌어지고 있다고 한다. 한 번도 스스로 자기 인생을 살아 본 적이 없기 때문에 자신의 문제를 스스로 해결할 능력을 갖추지 못한 것이다. 아니 한 번도 그런 교육을 받아 본 적이 없어서라는 말이 더 정확할 것이다.

결혼을 해서도 미찬가지다. 시시건건 부모의 허락을 받아야 하는 남편, 또는 사사건건 친정 부모에게 말하는 아내, 결국 원만한 결혼생활을 이루지 못해 파탄을 맞는 사례가 심심치 않게 언론에 보도되고 있다. 누구의 잘못인가?

잘못된 의사소통은 부모, 아이 모두의 인생을 힘들게 한다. 문제는 부모가 아이의 인생을 결정하려는 데 있다. 아이의 인생에 너무 지나치게 개입하는 것이 비극의 씨앗이다.

어릴 때 아이들의 꿈은 수시로 바뀌게 되어 있다. 그것을 이상하게 볼 것이 아니라 당연한 것으로 봐야 한다. 중요한 것은 부모는 옆에서 아이의 의견을 최대한 존중해 주며 아이가 스스로 자신의 인생을 선택하게 해야 한다. 그러기 위해서는 무엇보다 아이의 인생을 있는 그대로 인정해야 한다. 아이가 하고 싶어 하는 것은 가급적 경험하게 해보고, 설사 안 될 확률이 높다 하더라도 한 번쯤 해보게 해서 실패 경험도 맛보게 해야 한다.

성경의 '돌아온 탕자'와 불교의 대표적인 경전인 법화경의 '잃어버린 아들의 이야기'는 우리에게 교훈을 준다.

'돌아온 탕자'에서 아버지는 철없이 '재산을 달라.'는 아들에게 말없이 재산을 떼어 주었다. 아들이 잘못된 길을 갈 것을 알고 있으면서도 스스로 실패 경험을 맛보게 한 것이다. 아들은 아버지의 재산만 믿고 방탕한 생활을 했다. 모든 재산을 다 날렸을 때 큰 흉년이 들었고, 아들은 빈털터리가 되었다. 결국 어느 부잣집의 더부살이를 했고, 그곳에서 돼지를 치면서 매우 궁핍한 생활을 했다. 그때야 자신의 잘못을 깨닫고 어떻게든지 살아야겠다는 생각으로 다시 아버지를 찾았다. 그때 아버지는 비록 재산을 탕진하고 돌아온 아들이지만, 나무라지 않고 잔치를 벌여 환대를 했다. 아이에게 실패 경험을 맛보게 함으로써 자신의 잘못을 스스로 깨닫게 한 것이다.

'잃어버린 아들 이야기'에서는 오래전에 아들을 잃어버린 아버지가 우연히 거지꼴을 한 아들을 발견하고 사람을 시켜 아들을 자기 집 머슴으로 들어오게 한다. 먼저 아버지라는 신분을 밝히지 않고 거지였던 아이에게 좋은 조건을 제시하며 집안의 중요한 일을 하게 한다. 아들은 먹고 살기 위해 묵묵히 맡은 일을 수행해 나간다. 그렇게 점차적으로 일을 가르치며 집안의 중요한 일을 맡기기 시작한 아버지는 오랜 세월이 흐른 후에 마지막으로 '너는 어릴 때 내가 길에서 잃어버렸던 나의 아들이다.'라고 신분을 밝히며 후계자로 인정하고 모든 재산을 물려준다.

그런데 지금 우리의 모습은 이와 반대로 흐르고 있다. 아이의 생각과 능력은 생각하지 않고 모든 것을 떠먹여 주려는 부모가 늘고 있다. 학교 선택은 말할 것도 없고, 전공과 직장도 부모의 요구대로 따라야 한다. 그러다 보니 아이는 자신의 일을 스스로 결정하고 선택하는 경험이 부족할 수밖에 없다.

한 번은 대학 진학으로 고민하는 한 가족의 이야기를 상담한 적이 있다. 내신 성적이 상위권인 고3 학생이었다. 그는 의사를 꿈꾸며 의과대학에 진학하기를 원했다. 하지만 담임선생님은 내신 성적이 아무리 좋아도 모의고사 점수가 모두 1등급 안에 들지 못하니까 의과대학은 힘들 것이라며, 의사가 되고 싶다면 합격 가능성이 있는 지방대학을 선택하라고 조언했다. 이 학생의 부모는 지방대학은 안 된다며 결사반대를 했고, 아이는 답답해했다. 부모는 수능을 앞두고 불안하다며 주말마다 고액 과외를 시켰다.

수능을 앞두고 수시모집 접수가 있었다. 학생은 의과대학이 아니라면 수시는 포기하고 정시를 택하겠다고 했다. 그러나 부모는 어떻게든지 S대에 원서를 써보자고 제안했다. 내신 성적이 좋아 학과만 잘 고르면 S대 합격은 가능하리라는 생각 때문이었다. 학생은 모의고사 점수가 부족한 의과대학 대신 자신이 좋아하는 화학과나 수학과를 생각하고 있었다. 하지만 두 학과는 인기 학과라 합격을 장담할 수 없다는 담임선생님과 S대 지리학과에 원서를 쓰라는 부모님의 말 때문에 결정을 하지 못했다. 처음에는 적성에도 맞지 않는 지리학과를 가서 뭐하냐며 거부했지만, 결국 부모님의 설득에 못 이겨 S대 지리학과에 원서를 썼다.

부모는 아이의 장래희망에 대해 아이와 진지하게 이야기를 나눠 본적이 없었다. 그런데 아빠는 아이에 대해 모든 것을 잘 아는 것처럼 이야기했다. 문제는 아이가 아빠의 말을 받아들이지 않는다는 것이다. 아이는 아빠가 자신의 의견을 무시한다고 생각했다. 아빠에 대한 말만 꺼내도 금방 답답해하고 눈물까지 글썽거렸다. 학생은 자신이 원하는 학과에 지원서를 써보지도 못하고 부모의 강압에 못 이겨 S대 지리학과에 응시했다. 그러나 그 학생은 1차는 합격했지만, 마지막 관문인 수능 등급에 미치지 못해 아쉽게 떨어졌다고 했다.

이제 정시모집에 응시하는 방법만 남아 있었다. 수능 성적에 맞춰 지원해야 하는데, 학생은 좋아하는 수학을 할 수 있는 수학과에 지원하려하고, 담임선생님이나 아빠는 경쟁률이 높고 인기 학과인 수학과보다는 상대적으로 안정권인 화학과에 지원하길 원했다. 학생은 이번에도 아빠의 뜻을 꺾지 못해 화학과에 지원했다. 결과적으로는 합격했지만 채 6개월도 버티지 못하고 휴학했다고 한다.

참으로 안타까운 일이었다. 아이의 인생을 대신 살아 줄 수는 없다. 어릴 때 자신의 꿈을 스스로 선택해 보지 못한 아이가 어른이 되면 심한 불안 증세를 보일 수 있다. 예수님이나 부처님이 '돌아온 탕자'와 '잃어버린 아들 이야기'를 통해 우리에게 전하는 메시지가 무엇인지 다시 한번 생각하게 해주는 사례라 할 수 있다. 뛰어난 목자는 말을 물가까지 끌고 가는 것이 자신의 일이라 생각한다. 물을 먹고 안 먹고는 말이 선택할 문제라 생각하고 강제로 먹이려 들지는 않는다.

부모는 아이가 좀 더 나은 삶을 살 수 있도록 여러 가지 길을 제시하고, 아이가 선택한 것에 대해 아낌없이 지지하고 후원해 주는 역할을 담당해야 한다. 그러기 위해서는 먼저 아이의 인생을 아이의 것으로 인정해야 한다. 최대한 아이의 선택을 존중해 주며, 아이의 목숨이 걸린 문제가 아니라면 최대한 아이의 의견을 들어 주면서 스스로 실패도 경험할 수 있도록 배려해 주어야 한다.

우리가 읽어야 할 것은 그 말이 아니라, 그 말 뒤에 있다고 느끼는 사람이다.
– S. 버틀러

아이에게 책만
권하는 부모의 실수

"스트라이크! 아웃! 류현진 선수 벌써 다섯 번째 삼진 아웃!"

"아빠, 야구 언제 끝나?"

"왜 그래?"

"지금 '무한도전' 한단 말야!"

"너희들 숙제는 다 했어?"

"오늘은 숙제 없단 말예요."

"그럼, 책 좀 읽다가 와. 이따가 독후감 검사한다. 알았지?"

"치! 아빠는? 아빠는 왜 텔레비전 보는데?"

"알았어, 알았어. 그럼 아빠도 이제부터 텔레비전 안 보면 되잖아. 알았지?"

아빠는 텔레비전을 끄고 아이들을 공부방으로 몰아넣는다. 아이들은 더 이상 아빠한테 대꾸도 하지 못하고 공부방으로 간다. 그러면 아빠는 애들이 없는 방에서 다시 텔레비전을 켜고 본다.

아이들한테 마치 벌을 주듯이 조용히 하라고 할 때마다 책을 읽으라고 하는 부모의 태도는 참으로 심각하다. 아이들이 귀찮아서, 혹은 바빠서 같이 어울릴 수 없으면 차라리 솔직하게 부모의 입장을 이야기하는 것이 낫다. 괜히 윽박지르듯이 책을 읽으라고 책상 앞에 앉혀 놓는다 하더라도 효과는 없고, 오히려 역효과가 일어난다. 왜냐하면 부모가 아이들과 함께하는 것 자체를 귀찮아한다면 아이들도 부모와 관련된 모든 일을 귀찮아할 수 있기 때문이다. 이런 아이들은 어릴 때부터 자신도 모르게 감정의 전이를 당연하게 여기게 되고, 부모와는 어울릴 수 없는 엇박자의 길을 가는 품성을 갖게 될 가능성이 높다. 그렇다면 우리 부모는 어떤 자세를 취해야 책을 통해서 아이가 변화하는 모습을 볼 수 있을까?

아이는 부모를 통해서 세상을 배우기 때문에 아이들에게 보여 주는 부모의 모습부터 변해야 한다. 자식은 부모의 거울이다.

"우리 애가 욕을 잘 하는데 어쩌면 좋죠? 아빠가 운전하는 차를 타고 가다가 앞차가 끼어들기만 해도 욕을 하고, 자기 성질에 맞지 않으면 우선 욕부터 하고 그래요."

어떤 엄마가 초등학교 3학년짜리 아이가 욕을 입에 붙이고 산다며 부모교육 시간에 공개 질문을 해왔다. 사실 이런 질문을 받을 때 바로 대답을 해줄 수는 없다. 하지만 한 가지 사실은 분명하다. 바로 부모가 먼저 모범을 보여야 한다는 것이다. 이 질문을 받았을 때 나는 제일 먼저 '이 아이가 욕을 잘 하는 엄마와 아빠 중에 누구를 닮아서 그러는 것일까?' 생각해 보았다.

아이가 욕을 심하게 할 때는 분명히 부모 중 누군가 그런다는 증거다. 이 아이의 아빠는 운전할 때마다 다른 차가 끼어들거나 조금 늦기라도 하면 경적을 울리며 욕을 한다고 한다. 그때마다 애 앞에서 욕을 하지 말라며 부부싸움까지 했다는 것이다. 이 경우 1차적인 책임은 아빠에게 있다. 자신의 감정을 있는 그대로 표현하면서 그것을 받아들이는 사람의 입장을 전혀 고려하지 않았다. 이처럼 어릴 때 감정을 직접적으로 표현하는 것이 익숙한 환경에서 자란 아이들은 사회성에 심각한 문제를 드러낸다.

"친구 생일 때 많은 아이들이 노래방에 가자고 했대요. 그런데 우리 아이만 PC방에 가자고 했다는 거예요. 결국 다수결에 의해서 노래방에 갔는데, 그곳에서 우리 아이는 노래는 하지도 않고 딴 짓만 하더라는 거예요. 심지어 노래를 하라고 시키는 아이들한테 '난 여기 오고 싶지 않았는데 너희들 때문에 온 거야. 그러니까 나한테 노래는 시킬 생각도 하지 마.'라고 딱 잘라 말하고는 계속 혼자서 딴 짓만 하고 왔다는 거예요. 무슨 문제가 있는 건지 걱정이었는데 애 아빠는 어릴 때는 다 그런 거라며 아무 걱정하지 말라고 하더라고요."

이 엄마는 아이가 사회성에 문제가 있다는 것을 발견하고 해결책을 찾기 위해 노력하는 반면에 아빠는 문제의 심각성을 깨닫지 못하고 있다. 아이가 친구들과 쉽게 동화되지 못하는데 아무런 문제점도 느끼지 못하고 있는 것이다.

맞벌이 부부가 아니라면 엄마와 함께 하는 시간이 많다고 아이의 성격이 엄마의 영향을 많이 받는 것으로 착각하는 아빠들이 많다. 그러나 아이는 어쩌다 보는 아빠를 통해서 잘못된 성격을 형성할 때가 많다. 일반적으로 아빠의 경우는 아이와 만나는 시간이 짧아서 영향이 적을 것 같지만 오히려 짧은 시간에 더욱 강렬한 영향을 끼친다. 정말 좋은 아빠가 되고 싶고, 아이를 올바른 길로 이끌고 싶다면 지금 당장 아빠로서의 평소 행동습관을 점검해 보도록 하자.

아빠로서 아이에게 지키지 못할 약속을 남발하고 있는지, 휴일에 늦잠이나 자고 TV만 보고 있지는 않은지 살펴봐야 한다. 지키지 못할 약속을 하고 그냥 넘어갔다면, 그것은 어른이 아이를 온전한 인격체로 인정하지 않는 마음이 표출된 것이다. 또한 아빠와 놀 수 있는 휴일만 기다린 아이에게는 아빠의 모습을 통해 어른은 무엇이든 제멋대로 하는 사람이라는 인식을 심어 줄 수 있고, 아빠는 자신을 싫어하는 사람이라는 생각을 갖게 할 수 있다. 이런 아빠의 모습에 길들여진 아이는 은연중에 세상에 대한 불신을 갖게 되고 적대감과 반항심을 품게 되는 것이다. 문제는 어릴 때 은연중에 아빠의 부정적인 모습을 뇌리에 각인하게 되었을 때 생긴다. 이 아이는 자신도 모르게 아빠한테 배운 사회 부적응적인 행동을 스스럼없이 하게 된다. 그리고 그 행동 때문에 부모나 선생님들로부터 혼이 나거나 훈계를 듣게 되면 아이의 반항 심리를 부추기게 된다. 자신의 인식 속에서는 아무 문제 없는 행동인데, 선생님이나 부모가 그것을 나쁘다고 하니까 괜히 반감이 생기게 되고, 그 반감은 사회적이나 개인적으로 반항 심리를 표출하게 한다. 결국 아이의 내면에는 어릴 때부터 자신도 모르게 보고 배운 부모의 삶이 들어차 있는 것이다. 이때 부모는 아이에게 뭐라고 하기 전에 엄마, 아빠의 습관을 먼저 살펴보는 것이 중요하다.

부모가 귀찮아하면서 아이게만 권하는 독서는 아이의 반항 심리를 키워 준다. 심하게 말하면 아이가 사회에 적응하지 못하는 길로 인도하는 것이다. 가뜩이나 아이들의 놀이문화가 TV나 닌텐도, 온라인 게임 등 혼자서 할 수 있는 것으로 바뀌면서 아이들이 골방에 파묻히는 양상을 보이고 있다. 이러한 변화는 아이들의 체력과 정서발달에 심각한 문제를 일으킨다. 독서가 아무리 좋다 해도 잘못된 방식으로 독서를 권했다가는 큰 해를 입는다는 사실을 잊어서는 안 된다.

그렇다면 어떻게 아이에게 독서를 권하는 것이 좋을까? 아무리 좋은 것도 아이가 쉽게 받아들이지 않는다면 무용지물이다. 아이가 자연스럽게 독서를 좋아하게 만드는 것은 온전히 부모의 몫, 그 중에서도 아빠의 몫으로 삼아야 한다.

　일반적인 아빠들은 강압적으로 무조건 게임을 못하게 하거나 독서를 강요하는 경향이 있다. 이런 태도는 아이에게 도리어 스트레스를 주면서 악영향을 끼칠 수 있다. 아이를 좋게 만들려고 독서를 권하는 과정에서 오히려 아이를 망칠 수 있는 것이다.

　따라서 아빠 스스로가 책을 친구처럼 항상 가까이 하는 삶의 변화가 필요하다. 아이를 위해서 책을 가까이 하는 것이 아니라 아빠가 아닌 사회인으로서 자신의 삶을 위해 책을 친구처럼 가까이 하는 삶이 필요하다. 그러면 아이를 위해서 책을 읽는 고역으로부터 벗어날 수 있다. 책을 통해 아이와 함께 하는 삶, 그 자체가 기쁨이자 행복을 추구하는 일상이 될 수 있다. 아빠가 책을 친구로 삼아 인생을 즐기는 모습을 보일 때 아이도 책을 친구로 삼아 아빠가 원하는 삶을 살게 되는 것이다.

　바빠서 시간이 없다고 변명하지 말자. 잠자기 전에 하는 10분 독서는 취침 후에도 두뇌에 큰 영향을 끼친다. 짧은 시간에 몰입해서 읽은 내용은 뇌파에 입력되어 잠자리에 들었을 때 깊숙이 저장시키는 큰 힘을 발휘한다. 따라서 아무리 시간이 없어도 잠자기 10분 독서를 활용하면 최고의 효과를 얻을 수 있다.

방 안에서 자기 아이들을 위해 전기 기차를 매만지며 삼십 분 이상을 보낼 수 있는 남자는 어떤 남자이든 결코 악한 인간이 아니다.　　　－ 스트라비스키

미디어를 활용한 독서로 소통하라

컴퓨터로 세계를 제패하고 있는 빌 게이츠는 '컴퓨터가 책을 대체할 수 없다.'고 말했다. 다른 사람도 아닌 빌 게이츠의 말이기에 더 아이러니하게 들리기도 한다. 그러나 실제로 그는 대단한 독서광으로 소문이 나 있다. 그는 바쁜 일과 중에서도 틈만 나면 책을 읽는다고 한다.

빌 게이츠가 말한 것처럼 인터넷에서 얻은 정보는 당장 써먹기에는 좋을지 모르지만, 그 정보 자체를 내 것으로 만드는 데는 독서를 따라갈 수 없다. 독서의 효과는 단시간에 나타나지 않는다. 어쩌면 끝없는 길을 가기 위해 필요한 나침반 역할, 길잡이 역할을 하는 것이 독서라 할 수 있을 것이다. 하지만 독서를 할 수 있는 상황이 따라 주지 않는다면 어떻게 하는 것이 좋을까? 주어진 상황을 즐기며 독서를 하는 것은 어떨지 제안해 본다.

'피할 수 없으면 즐겨라.'라는 말이 있다. 그러나 '어떻게?'라는 질문에 대한 답은 쉽게 찾아지지 않는다.

스마트 미디어 시대를 사는 아이들이 예전에 비해 책과 멀어지는 것은 어쩌면 당연한 일인지 모른다. 이러한 상황에서 아이가 책과 가까워지기를 바란다면 미디어 환경과 책 읽는 환경을 결합하는 것도 한 가지 방법이다.

무조건 인터넷이나 스마트폰의 사용을 막을 것이 아니라 적절히 즐기며 유용하게 활용하는 방법을 가르치는 것이 좋다. 편리해진 문명의 혜택을 누리며 제대로 활용하는 것도 시대를 살아가는 지혜이기 때문이다. 따라서 독서지도에서도 미디어를 부정적으로만 볼 수는 없다.

전자책(e-book)은 충분히 자기 몫을 할 수 있도록 구성되어 있다. 전자책이란, 쉽게 말해 종이가 아닌 컴퓨터와 같은 디지털 기기 속에 글자를 넣은 책이다. 이러한 전자책은 그 휴대성과 편리함 때문에 점점 보편화되고 있다. 종이책에 익숙한 어른들에게는 전자책이 어딘가 불편하고 어색할지 모르지만 아이들에게는 전자책이 인터넷만큼이나 익숙한 매체로 자리 잡고 있다. 전자책은 미디어 기기에서 나오는 전자파로 인해 아이의 두뇌에 부정적인 영향을 끼칠 수 있기 때문에 매우 조심스럽게 접근해야 한다. 독서는 가급적 종이책이 좋지만, 현실적으로 아이가 종이책보다 전자책에 더 흥미를 느낀다면 일단 긍정적인 면을 받아들일 필요가 있다. 아이가 책과 가까워지기를 바란다면 미디어 환경과 책 읽는 환경을 결합하는 노력을 기울여야 하기 때문이다.

아이가 종이책보다 전자책을 읽는 데 더 흥미를 느낀다면, 아이들에게 책은 반드시 종이책으로 읽어야 한다는 중압감을 줄 필요는 없다. 책의 내용을 전달받는 매체가 다를 뿐이지 책의 내용이 달라지는 것은 아니기 때문이다. 컴퓨터나 태블릿 PC, 스마트폰으로 책을 읽든, 종이에 인쇄된 글자를 읽든, 중요한 것은 아이들에게 책 읽는 환경을 만들어 주는 것이 중요하다.

오히려 종이책에 관심이 없던 아이가 전자책에는 흥미를 느낀다면 적극 추천해 주는 것도 좋다. 책에 대한 관심이 생기면 아이 스스로 종이 책이든 전자책이든 자연스럽게 책 읽는 환경을 스스로 만들어 나갈 것이다.

미디어를 활용해서 아이와 소통하는 방법으로 독서 블로그 만들어 보는 방법도 있다. 아이들에게 싫어하는 숙제가 무엇이냐고 물으면 일기 쓰기와 독후감 쓰기를 가장 많이 거론한다. 어른들은 일기 쓰기와 독후감 쓰기가 교육적 효과에 좋다는 것을 들먹이며 강조하지만, 막상 아이들은 가장 스트레스를 받는 것이다. 아무리 바람직한 학습 방법이라도 아이들이 스트레스를 받는다면 좋은 효과를 낼 수 없다. 그래도 아이들이 싫어한다고 그만 둘 수도 없는 노릇이 아니던가? 이때 아이들이 숙제를 하는데 재미를 느낄 수 있게 만드는 방법이 있다. 아이들이 좋아하는 인터넷을 활용해서 일기와 독서 감상문 쓰기, 또는 자기 생각을 표현하도록 유도하는 것이다. 요즘에는 마음만 먹으면 포털 사이트에 개인 블로그나 카페를 쉽게 만들 수 있다. 더 나아가 스마트폰을 이용해 페이스북이나 카카오스토리를 통해 자기만의 표현공간으로 활용할 수 있다. 부모가 가르쳐 주지 않아도 아이들은 이미 이 방법을 잘 알고 활용하고 있을지도 모른다.

부모가 모른다면 이미 아이들보다 시대에 뒤쳐져 있는 것이다. 아이와 소통을 하기 위해서라도 아이에게 물어가며 배워둘 필요가 있다. 그리고 인터넷 공간에 가족의 방을 만들어 아이와 함께 즐기는 공간을 만들어 나가는 것이다. 아이에게도 숙제이기 때문에 억지로 일기나 독후감을 쓰는 것이 아니라, 가족이 함께 즐기는 공간에 자신의 의사를 표현하는 방식으로 글을 올리게 하는 것이다. 블로그나 페이스북, 또는 카카오스토리 같은 공간에 자신의 하루를 기록해 두거나, 자신이 읽은 책에 대한 소감 등을 기록하는 것을 습관화시키는 것이다.

가족의 이름으로 만든 공간(블로그, 카카오스토리 등)을 찾는 방문자 수를 확인해 보는 재미도 쏠쏠하고, 댓글을 통해 사람들과 소통하는 자리를 넓혀 나갈 수도 있다. 그러다 보면 인터넷이나 스마트폰이 게임만 하거나 아이들만의 공간으로 방치되는 것이 아니라 온 가족이 소통할 수 있는 장으로 펼쳐질 것이다. 아이 입장에서도 스트레스의 대상이었던 일기 쓰기와 독서 감상문 쓰기에 재미를 붙이고, 자연스럽게 책을 가까이 하게 되며, 글을 쓰는 능력 또한 몰라보게 좋아지는 효과가 있다.

미디어가 주지 못하는 독서의 효과

① **집중력:** 인터넷을 하지 않고는 사회생활이 불가능할 정도로 인터넷이 발달한 이 시대에 누구나 한 번쯤은 인터넷 서핑을 해보았을 것이다. 클릭 한 번으로 눈 깜짝할 사이에 화면이 바뀌고 사람들은 그 속에 맞춰 일을 빨리 처리하곤 한다. 인터넷의 속도는 점점 빨라지고, 이는 일을 능률적으로 처리할 수 있게 하지만, 화면이 바뀌는 속도만큼 한 곳에 집중할 수 없게 만들기도 한다. 물론 분명한 목적을 갖고 인터넷을 한다면 자신의 목적과 상관없는 정보들을 무시할 수 있어서 어느 정도 집중할 수 있지만, 흥미로운 정보가 넘쳐나는 가운데 집중력을 발휘하려면 대단한 의지를 갖고 노력하지 않으면 안 된다.

인터넷상에는 늘 게시물들이 많아서 제목만 슬쩍 보고 '시시하다.'는 생각이 들면 순식간에 다른 사이트를 클릭하기 때문에 집중력은 더욱 떨어질 수밖에 없다. 그래서 아무리 오랫동안 컴퓨터 앞에 앉아 있더라도 '내가 뭘 얻었지?'라고 자문하면 시간만 허비했다는 생각이 들어 허탈해질 때가 많다. 이것은 인터넷 서핑만이 아니라 갈수록 채널이 늘어나는 텔레비전도 마찬가지이다. 리모컨으로 채널 수십 개를 손쉽게 이

동할 수 있다. 물론 시청자 입장에서는 프로그램을 선택할 수 있는 폭은 넓어졌지만, 텔레비전에 빠져 있다가 시간이 지난 다음에 '내가 무엇을 했지?'라고 자문하면 허탈감만 남는 것도 인터넷 서핑과 크게 다르지 않다.

우리가 사는 환경은 갈수록 집중력과 멀어지고 있다. 그야말로 어느 한 곳에 오래 머물 마음의 여유조차 찾기 힘들다. 그래서 요즘은 아이들의 집중력을 키우는 교육 방법의 하나로 독서를 권장하고 있다. 책을 읽기 위해서는 여유롭고 정돈된 마음가짐이 필요하고, 이는 집중력으로 연결될 수 있다. 또 눈으로 즐기는 자극적인 각종 미디어들과는 달리, 머릿속으로 자신의 세계를 그려볼 수 있기 때문에 집중력의 강도 또한 높아질 수 있다. 책에서 얻는 지식 못지않게 한 곳에 집중할 수 있는 능력을 키우는 데도 독서만한 것은 없다.

② 창의력: 우리는 흔히 지금까지 알려지지 않은 참신한 아이디어가 제시되었을 때 '창의적' 또는 '창조적'이라고 한다. 새로운 방안을 내세우거나 새롭게 생각해내는 능력이 창의력이다.

예전에는 인간의 힘으로 해결해야 했던 많은 일들이 첨단 기계와 컴퓨터의 몫으로 대체되면서, 기계가 생산해내지 못하는 아이디어가 최고의 상품 가치를 갖는 시대가 되었다. 21세기에는 창의력이 풍부한 인재가 주인이 되는 세상이다. 그렇다면 어떻게 창의력을 키울 수 있을까?

창의력은 상상하는 활동을 바탕으로 하는 놀이나 학습을 통해 길러진다. 창의력은 자유로운 환경에서 자라면서 풍부한 경험을 하고 느낀 것을 표현하며 키워질 수 있는 능력이다. 독서는 다양한 간접 경험을 가능하게 한다. 따라서 많은 것을 상상하고 표현할 수 있게 하는 가장 유용한 도구로 창의력을 키우는 근본 토대가 된다.

아이가 책을 읽으면서 창의적인 생각을 하도록 유도하는 것은 부모의 역할이기도 하다. "예, 아니요"로 답할 수 있는 질문이 아니라 "왜?"라고 질문하는 것이 창의력을 키우는 데 큰 도움이 된다. 책을 다 읽은 아이에게 "왜 그렇게 되었을까?" "다른 방법은 없었을까?"와 같은 질문을 던진다면 창의력은 물론 사고력과 발표력까지 키울 수 있다.

아이의 창의력 계발에 영향을 끼치는 또 다른 요소는 책을 읽고 난 뒤 아이가 느낀 점을 맘껏 표현하고, 흥미를 불러일으킬 수 있는 환경이다. 아이의 자유로운 사고와 표현을 존중하고, 아이가 책을 읽을 수 있는 분위기를 조성한다면, 아이 스스로 생활하면서 자연스럽게 창의력을 계발해 나갈 것이다.

자주적인 사고를 하고, 자주적인 판단을 하고, 모든 일에 자발적인 사람. 또 목표 의식이 강하며, 문제를 바라보는 시각이 예리하고, 자기주장이 강한 사람을 창의성이 뛰어난 사람이라고도 한다. 이런 사람이 주도하는 세상이라면 21세기를 믿고 맡겨도 안심할 수 있지 않을까? 우리 아이가 21세기의 주역이 되기 위한 첫걸음은 바로 독서이다.

③ 종합력: 종합력이란 자기 생각이나 느낌, 또는 경험 등을 남에게 전달하기 위하여 이야기나 그림, 조각, 노래 등을 만들어 내는 능력을 말한다. 또 어떤 일을 이루기 위해 계획을 세우고 그 진행 절차를 꾸며 내는 힘도 종합력이라 할 수 있다. 종합력에는 어떤 사실이나 사물, 현상, 이론 등을 분석하고 그 결과에 따라 새로운 이론과 법칙을 만들어 내는 힘도 포함된다. 이러한 종합력을 키우는 데 독서만한 것이 없다. 독서가 몸에 배어 있으면 조리에 맞게 생각하고, 문제의 전체 관계와 앞뒤 관계를 재빨리 파악하여 해결책을 찾는 일, 자신의 생각을 정리하는 일, 알고 있는 지식을 바탕으로 아직 알 수 없는 부분을 추론해 보는 일 그리

고 아주 새롭고 독창적인 것을 생각해 내는 활동이 가능하며, 이는 지능을 발달시키는 데 핵심 역할을 한다.

종합력은 독서의 기본이 되는 능력이다. 글을 읽기만 하는 것이 아니라 이해하는 능력이 바로 종합력이기 때문이다. 책을 읽으면서 줄거리를 정리하고 작품의 참뜻을 파악하는 과정에서 종합력은 자연스럽게 계발될 것이다.

사물의 이치를 궁구하는 요점은 반드시 독서에 있고, 독서의 법은 순서를 따라 정밀을 다함에 있으며, 정밀을 다할 수 있는 근본은 마음에 있다. – 이언적

04 함께 고민하고 공감하는 부모와 아이

학원이나 과외 교육의 문제는 오로지 학교 시험 성적에 그 목표가 있다는 것에 있다. 시험을 잘 보면 잘 가르치는 선생님이고, 시험을 못 보면 못 가르치는 선생님이라고 낙인을 찍기 십상이다.

따라서 학원과 과외가 다 알아서 해줄 것이라고 기대하는 부모들은 한 번쯤 교육의 본래 목적을 생각해 볼 필요가 있다. 이것은 학원과 과외 교육이 나쁘다는 것이 아니라 근본적으로 안고 있는 한계점을 파악하기 위해서 꼭 필요하다.

그 한계를 아래의 중학교 국어 교과서에 실려 있는 〈삼국지〉의 일부인 유비의 이야기를 통해서 살펴볼 수 있다.

유비가 새로운 선생님을 만나 뵈러 길을 가고 있었다. 얼마를 가니 제법 넓은 개울 하나가 앞을 가로막았다. 주변을 둘러보아도 배도 사공도 없었다. 할 수 없이 유비는 신을 벗고 바지를 걷은 채 물을 건너기 시작하였다. 물은 매우 차가웠고, 또 꽤 깊었다.

유비가 겨우 물을 건넜을 때, 뒤쪽에서 어떤 노인의 목소리가 들렸다.

"거기 귀 큰 놈아! 나를 건네주어야지. 사공도 없는데 어떻게 건너란 말이냐."

마치 유비가 배를 없애기라도 한 듯한 말투였다. 유비는 갈 길도 멀고, 노인의 말에 화가 나기도 했다. 그러나 기왕에 젖은 몸이니 좋은 일 한 번 하자는 생각에서 유비는 노인 쪽으로 건너왔다. 노인을 업은 유비는 다시 물을 건너기 시작했다. 노인이지만 업고 물을 건너기는 매우 힘들었다.

겨우 강기슭에 도착한 유비가 이제 갈 길을 가려는 데, 노인이 다시 화를 내는 것이었다. 짐을 저편 강기슭에 놓고 왔다는 것이었다. 마치 유비가 잘못해서 짐을 놓고 왔다는 식의 말투였다. 유비는 화가 났지만 "제가 강을 건너서 짐을 갖다 드리지요."라고 말했다. 그러나 짐을 가지러 돌아서는 유비에게,

"네가 어딜 가서 찾는단 말이냐. 잔말 말고 나를 업어라."

하는 노인의 말이 들려왔다.

유비는 잠시 생각한 후에, 묵묵히 노인을 업고 다시 물을 건넜다. 짐을 찾고 겨우 강을 다시 건너서 이편 언덕에 도착하자 노인이 웃으며 유비에게 물었다.

"처음 나를 업어 준 것은 그렇다 치고, 짐을 가지러 가자고 했을 때는 가 버릴 수도 있었는데, 왜 강을 건넜느냐? 무엇을 바라고 한 번 더 수고로움을 참았더냐?"

그러자 유비가 말했다.

"그때 제가 화를 내고 돌아가 버리면 어르신을 업고 강을 건넌 처음의 수고마저도 의미가 없어집니다. 그러나 잠시의 어려움을 참고 한 번만 더 강을 건너면, 제 노력은 두 배의 의미를 갖게 될 것입니다. 이미 들인

수고마저도 의미 없이 만드는 것과 한 번 참아서 두 배의 의미를 얻는 것에 대해 생각해 보았습니다."

이 글에 대한 시험 문제로 이런 것이 나온다.

※ 이 글에 나타난 유비의 성격으로 가장 알맞은 것은?
　① 인내심이 많고 생각이 깊다.
　② 약속을 잘 지키며 영특하다.
　③ 화를 잘 내고 성격이 급하다.
　④ 화를 잘 내지만 다른 사람의 말을 잘 듣는다.
　⑤ 약속을 잘 지키고 지혜로워 어려운 일을 잘 해결한다.

※ 이 글이 우리에게 주는 교훈으로 알맞은 것은?
　① 인내심을 갖고 생각을 깊이 하자.
　② 노인을 공경하자.
　③ 약속을 잘 지키자.
　④ 다른 사람의 말을 잘 듣자.
　⑤ 약속을 잘 지키고 지혜롭게 행동하자.

학원과 과외 선생님은 아이들에게 ①번이 답이고 나머지는 틀리다고 가르친다. 이것은 객관적인 내신 평가를 위해서 어쩔 수 없는 한계를 드러낸 것이다.

그러나 과연 그럴까? 이 글을 통해서 우리가 배워야 할 교훈이 '인내심을 갖고 생각을 깊이 하자.'로 끝나야 할까?

현실적으로 학교의 내신 성적을 잡기 위해서는 이런 교육도 필요한 것이 사실이다. 이렇게라도 공부를 하는 것이 아예 하지 않는 것보다는 낫기 때문이다. 그러나 우리 아이의 독서 교육이 이런 식으로만 이뤄진다는 것은 문제가 있다. 우리 아이의 독서 교육을 학원과 과외에만 맡길 수 없는 이유도 여기에 있다.

이처럼 어릴 때부터 객관식으로 찍는 문제에 길들여진 아이들은 독서를 통해서 얻을 수 있는 다양한 삶의 교훈을 놓치게 된다. 아이들의 창의력을 송두리째 뿌리 뽑는 결과를 자초하기도 한다. 어쩔 수 없이 학원과 과외에 아이의 교육을 맡겼더라도 그것이 누구보다도 아이의 인생을 책임져야 할 부모의 책임을 다하는 것이 아니라는 것을 알아야 할 것이다.

이런 문제는 집에서 부모가 아이와 함께 고민해 보는 것이 좋다. 집에서만큼은 아이들에게 객관식 문제에 맞는 답만 강조하지 말아야 한다.

이 이야기를 통해서 아이에게 심어 주고 싶은 마음은 무엇인가? 유비가 많은 사람들에게 존경을 받은 이유는 무엇일까? 창의적인 독서법의 출발점은 책 속에 담겨 있는 내용이나 사건을 단순히 요약하거나 암기하는 것이 아니라 그것을 우리가 처한 구체적인 현실에 적용시켜 보는 것이다. 그러기 위해서는 한 편의 글을 읽고 나면 반드시 다음과 같은 사고 과정을 통해 생활 속에 활용할 수 있는 지혜를 찾아보도록 노력해야 한다.

1. 사실적인 이해

　① 이 이야기가 우리에게 주는 교훈은 무엇일까?

　② 내가 주인공이라면 어떻게 했을까?

2. 창의적인 이해

　　① 생활 속에서 이와 비슷한 사례는 무엇이 있을까?

　　② 이때 주인공이 나였다면 어떻게 했을까?

"이 이야기가 우리에게 주는 교훈은 무엇일까?"

이런 질문에 자신 있게 대답하는 아이는 거의 없다. 이것은 어른도 마찬가지다. 독서 지도는 이처럼 단답형을 요구하는 질문으로 이뤄져서는 안 되며, 최대한 아이의 입장을 고려한 질문으로 접근해야 한다.

"만약에 네가 유비라면 이 상황에서 어떻게 했을까?"

이쯤 되면 아이들은 솔직하게 표현하는 경우가 많다. 독서 지도는 사실 이때부터 시작되는 것이다.

"노인이 잘못한 거잖아요. 저 같으면 그냥 가 버릴 거예요."

"노인에게 나를 믿지 못한다면 알아서 하라고 할 거예요. 아무리 좋게 생각해도 보따리를 가지러 다시 업고 건너지는 못할 것 같아요."

심지어 어떤 학생은 이렇게 되묻는 경우도 있었다.

"정말 유비 같은 사람이 있을까요? 소설이니까 가능하지."

이것이 학생들의 본래 모습이고, 솔직한 마음의 표현이다. 그런데 이런 학생들에게 유비 이야기를 통해서 '어려움을 참고 끝까지 노력해야 한다.'는 답만이 정답이라고 하는 것이 얼마나 현실과 동떨어진 이야기인지 알 수 있다. 아이의 창의성을 키워 주기 위해서 "그렇다면 이와 비슷한 사례는 무엇이 있을까?" 하고 먼저 질문을 하고, 얼른 아이에게 먼저 비슷한 사례를 제시해 주는 것이 좋다.

"만약에 친구가 지우개를 빌려 달라고 해서 빌려 줬더니 고맙다는 말도 하지 않고, 다시 볼펜까지 빌려 달라고 할 때 유비라면 어떻게 했을까?", "동생한테 옷을 빌려줬더니 신발까지 빌려 달라고 하면 어땠을까?", '엄마의 심부름을 하고 왔더니 동생과 놀아 주라고 한다면?" 등의 유비라면 어떻게 했을지, 어떻게 하는 것이 과연 현명한 방법일지를 아이에게서 끌어내기 위해서는 부모가 먼저 유비의 입장이 되어 보아야 한다.

아침에 아이를 위해 밥을 해놓았는데 아이가 귀찮다며 밥은 거들떠보지도 않고 학교에 간다고 투덜거리며 갈 때 유비라면 어떻게 했을까?

아내를 위해 좋은 옷을 선물했는데 마음에 들지 않는다고 바꿔 오라고 할 때 유비라면 어떻게 했을까?

유비처럼 난처한 상황에 처한 경험은 누구나 있었을 것이다. 그때 나는 어떻게 했던가? 유비와 똑같은 방법으로 현명하게 처신했다면 그 경험을 살리고, 그렇지 못하고 감정에 속아 화를 내거나 신경질을 부렸다면, 자신을 성찰해 나가는 기회로 삼아야 한다. 가끔 부모의 실패 경험담도 들려주며 아이가 공감할 수 있도록 이끌어 주면 더욱 좋다.

많은 인간은 그 기억이 너무나도 좋다는 유일한 이유에서 사색하는 자가 될 수 없다.
 — 니체

부모와 아이를 알아가는 소통의 도구

두뇌연구학자인 홍양표 박사가 KBS 프로램인 아침마당에서 〈김유신전〉에 얽힌 재미있는 강의를 한 적이 있다. 홍 박사는 초등학생을 대상으로 교육을 하면서 〈김유신전〉의 이야기를 통해 아이들의 생각을 들여다봤다.

먼저 〈김유신전〉에서 아이들이 가장 관심을 가질 만한 부분인 김유신과 천관녀와의 사랑 이야기를 들려주었다. 그리고 아이들에게 질문을 던졌다.

"김유신 장군은 부모님과 술집에 가지 않기로 약속을 했고 그것을 잘 지켰지. 김유신 장군이 훌륭한 사람이 될 수 있었던 것은 어려서부터 약속을 잘 지켰기 때문이 아닐까? 여러분들 중에도 김유신 장군처럼 부모님과 약속한 것이 있겠지? 지금부터 그것을 한 번 생각해 보고, 내가 김유신이라면 그것을 이루기 위해 어떻게 했을지 발표해 보자."

그러자 한 아이가 조심스럽게 손을 들더니 이렇게 말했다고 한다.

"저는 아버지가 게임기를 사 주실 때 하루에 1시간 이상 게임을 하지 않기로 약속을 했습니다. 그런데 그 약속을 잘 지키지 못하고 있습니다.”

“만약에 김유신 장군이 너라면 그때 어떻게 했을까?”

그 순간 이 아이는 뭔가에 얻어맞은 것처럼 아무 말도 하지 못했다고 한다. 그런데 옆에 있던 학생들이 이렇게 대답했다.

“김유신 장군이라면 게임기를 때려 부쉈을 거예요.”

물론 그 순간 〈김유신전〉을 통해서 ‘김유신 장군이 나였다면 아버지와의 약속을 지키기 위해 게임기를 부쉈을 것이다.’라는 것을 인식하는 것만으로도 독서의 효과는 매우 크다. 많은 아이들이 이런 경험을 통해 자신이 한 약속을 지키기 위해서는 말의 목을 치는 고통이나 게임기를 부수는 고통을 감수하더라도 결연하게 의지를 다져야 한다는 것을 인식할 수 있다는 것만으로도 가치 있는 일이다. 그러나 이것은 자칫 공허한 이야기가 될 수 있다. 눈치 빠른 아이들이 질문한 선생님의 의도를 알아차리고 얼마든지 입바른 소리를 할 수도 있기 때문이다.

독서는 단순히 지식을 습득하는 것으로 그쳐서는 안 된다. 반드시 구체적인 자신의 삶과 결부시켜서 실천해 나가는 훈련을 해야 한다.

그런 점에서 홍양표 박사가 들려준 이야기에 귀를 기울일 필요가 있다. 실제로 다른 친구들이 “게임기를 때려 부숴요.”라고 대답할 때 아무 말도 못했던 학생이 일주일 후에 발표한 내용에 집중할 필요가 있다.

“김유신 장군 같으면 어떻게 했을 것 같냐고 물었을 때 나는 아무 말도 못했다. 친구들이 게임기를 때려 부순다고 말할 때 그게 옳다고 생각했지만, 아무리 생각해도 나는 게임기를 부술 용기가 없었기 때문이다. 집에 와서 생각해 보니 김유신 장군은 정말 대단하다는 것을 알 수 있었다. 김유신 장군이 훌륭한 사람이 된 것은 약속을 잘 지켰기 때문이다. 앞으로 나도 만약에 아빠하고의 약속을 어기고 또 게임을 하게 된다면 게임기를 부술 수 있는 용기를 가질 것이다.”

독서를 많이 하고 지식을 많이 쌓으면 저절로 삶의 변화가 일어날 것이라고 착각하면 오산이다. 아무리 많은 책을 읽었어도 그것을 내 것으로 만들지 못하면 컴퓨터 속에 저장되어 있는 수많은 정보와 다를 것이 없다.

부모가 독서를 통해 아이와 소통을 하기 위해서는 먼저 전체 줄거리를 파악하는 데 중점을 두지 말고, 책 속에서 아이와 이야기를 나누고 싶은 한 부분을 짚어 주는 것이다. 그리고 현실 속에서 이와 비슷한 이야기를 서로 찾아가며 아이와 대화를 시도해 보는 것이다.

그러려면 부모가 먼저 독서를 현재의 생활 속에 적용하는 법을 배워야 한다. 〈김유신전〉의 같은 내용이더라도 부모 입장에서는 한번쯤 스스로에게 물어봐야 한다.

아이가 게임을 하지 않겠다는 약속을 지키기 위해 김유신이 말의 목을 벤 것처럼 컴퓨터를 부숴 놓는다면 어떻게 할 것인가? 그리고 나중에 다시 컴퓨터가 필요하다고 하면 어떻게 해줄 것인가? 이때 김유신 장군의 부모가 나라면 어떻게 했을까?

〈김유신전〉을 읽고 '훌륭한 사람이 되기 위해서는 약속을 잘 지켜야 한다는 것을 알았다.'며 스스로 성찰한 아이의 모습처럼, 나는 과연 얼마만큼 김유신의 부모처럼 아이의 판단과 결정을 믿어 주고 지지해 주고 있는지 점검해 보아야 하는 것이다. 부모의 입장에서 아이에게 가르치려고만 하기보다 독서를 통해 부모의 입장에서 부모가 배워야 할 점을 짚어 보는 것이 중요하다.

그런 다음에 "나는 이 부분을 통해서 이런 점을 배웠는데, 너는 이 부분을 배울 점이 뭐라고 생각해? 한 번 이와 비슷한 이야기를 우리 함께 찾아볼까?"라며 대화를 시도하는 것이 좋다. 이렇게 하면 한 권의 책을 읽고도 아이와 다양한 이야기를 나누며 재미있는 시간을 가질 수 있다.

　이것은 모든 책들이 다 그렇다. 책의 핵심을 찾아 구체적인 사례와 결부시키면 무궁한 대화거리를 찾을 수 있다. 이처럼 한 권을 읽어도 구체적인 현실에 결부시키는 방법에 대해 다양한 도서를 예로 들며 제시하는 〈일독백서 기적의 독서법〉과 같은 책들이 시중에는 많이 있다. 독서가 단순한 지식 습득의 도구가 아니라 다양한 소통의 도구라는 것을 인식하고, 한 권의 책을 읽더라도 다양한 방법으로 아이와 대화를 나누는 소통의 도구로 활용할 수 있어야 한다.

교육의 목적은 무엇을 생각하여야 할까에 있는 것이 아니라, 어떻게 생각하여야 할까를 우리들에게 가르쳐 주는 데 있다.　　　　　　　　　　　－ 피디

전쟁 중에도 책을 읽은 독서광 나폴레옹

더 이상 설명이 필요 없는 나폴레옹, 그의 탁월한 전술과 용인술은 어린 시절의 독서 습관이 길러 준 것이었다. 그는 정복 전쟁 중에도 책으로 가득 채운 마차를 대동했을 정도의 독서광이었고, 한번 읽은 책을 버려서 다른 사람이 읽을 수 있도록 배려한 불세출의 영웅이었다.

어린 시절의 나폴레옹은 빈약하고 작은 체구였으며 친구들에 비해서 특출하게 뛰어난 것이 없었다. 그러나 단 한 가지, 나폴레옹은 혼자서 산책하는 것을 즐긴 만큼 독서에 파묻혀 있었다. 책도 단순히 읽고 끝나는 것이 아니라 항상 깊이 생각해서 내 것으로 만드는 습관을 가지고 있었다.

나폴레옹에게 가장 큰 영향을 끼친 책은 어릴 때 아버지로 선물로 받은 '플루타르크의 영웅전'이라고 한다. 나폴레옹은 이 책을 통해 세계를 제패하겠다는 야망과 큰 포부를 품기 시작한 것이다.

그 뒤로 나폴레옹은 역사에서부터 철학, 희곡, 병법, 문학 등 다양한 장르의 책을 읽었다. 그의 서고에는 약 3,000여 권의 책이 쌓여 있었다고 한다.

"고양이가 장화를 신은 것 같다."

나폴레옹은 키가 작아서 친구들한테 이런 식으로 놀림을 받았다. 그때 나폴레옹이 이렇게 말했다고 한다.

"비록 땅에서부터는 네가 크지만, 하늘에서부터는 내 키가 훨씬 크다. 두고 봐라. 언젠가는 네가 이 말을 실감하고야 말 거다."

그는 자신의 말대로 불리한 신체적 결함을 극복하고 유럽을 제패함으로써 자신의 존재를 만천하에 알리는 위업을 달성했던 것이다.

>>>

자녀교육에 있어서 아빠의 역할은 아무리 강조해도 부족하지 않다. 또 실제로 아빠의 역할이 얼마나 중요한지에 대해서 잘 모르는 사람은 거의 없다. 중요한 것은 아이와 부딪혔을 때 생기는 문제를 구체적으로 어떻게 해결해 나가느냐의 문제이다.

이론적으로 아무리 잘 정리된 자녀교육론이라고 하더라도 실제로 아이와 부딪혔을 때 아이에게 도움이 되는 결과를 얻어 낼 수 없다면 그것은 결코 좋은 이론이라고 할 수 없다.

우리나라 아빠들과 다른 나라 아빠들이 자녀들에게 미치는 영향을 비교한다면 그 영향력이 너무나 미비하다. 특히 교육 선진국들의 아빠들과 비교하여 점수화한다면, 우리나라의 아빠들은 100점 만점에 10점도 안 되는 수준이다. 물론 최근 들어 아빠들이 자녀 양육에 대한 관심이 점점 높아져 가고 있는 것은 사실이나 아직도 아빠가 자녀에게 대하는 감정이나 정서, 사랑의 지수는 매우 낮은 편이다.

교육학과 심리학에서는 아이의 문제는 곧 아빠의 문제라는 말이 있다. 아이가 잘못됐을 때는 그 자녀를 탓하기 전에 부모 쪽에 문제가 있다는 것을 알아야 한다는 것이다. 따라서 아빠가 자신의 역할을 어떻게 수행하며 어떠한 교육환경을 만들어 주었느냐에 따라서 자녀 양육의 승패가 달려 있다고 볼 수 있다.

Part 3

내 아이를 바꾸는
아빠의 행복한 의무

01 아빠의 독서가 필요한 세상

02 아빠의 시야가 넓어지면 아이의 시야도 넓어진다

03 심리적인 만족감을 느끼게 하라

04 아이의 감정을 먼저 헤아려라

05 하루 15분으로 현명한 아빠가 된다

▶ 어린 시절의 독서가 인생에 미치는 영향 [3]

01 아빠의 독서가
필요한 세상

초등학교에서 남자 선생님을 찾아보기가 힘들어지고 있다. 신규 임용되는 선생님 중에는 90% 이상이 여자인 경우도 있다고 한다. 급기야 신규 선생님을 임용할 때 남자 선생님을 30%내로 교육감이 자율적으로 할 수 있도록 하는 방안이 나오고 있지만, 헌법에 명시된 양성 평등의 원칙에 어긋나는 조항이기에 많은 갈등을 빚고 있다. 또 설사 그 방안이 실행된다 하더라도 70% 이상은 여자 선생님으로 이뤄지는 것은 어쩔 수 없는 현실이다.

이런 현상은 갈수록 두드려져 현재는 중·고등학교에서도 여자 선생님 비율이 월등히 앞서가고 있는 추세이다. 한국교육개발원(KEDI)에서 발표한 2012 국제지표로 본 한국 교육 자료에 의하면 여교사 비율은 초등학교 77.9%, 중학교 67.5%, 고등학교 45%인데, 대도시로 가면 갈수록 여교사의 비율은 상승하고 집중되고 있다.

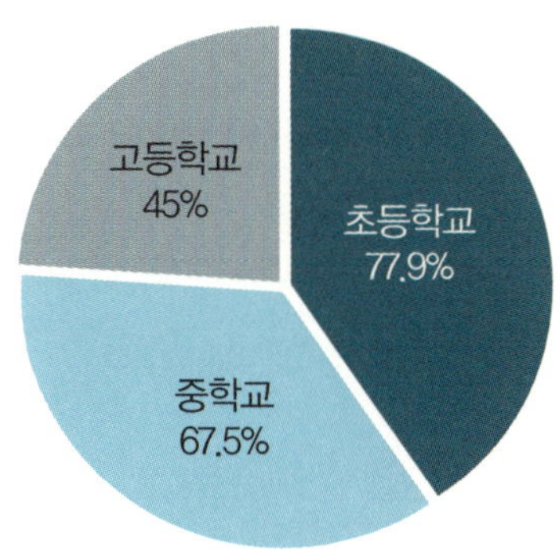

취학 전인 유치원이나 어린이집은 거의 다 여자 선생님으로 이루어져 있다. 결국 현재 우리 아이들의 교육은 사실상 여자 선생님들에 의해서 이루어지고 있다고 해도 과언이 아니다. 물론 이런 문제에 대해서는 사회적으로 대책을 마련해야 하지만 결국 현실적인 대책이 생기려면 오랜 시간이 걸릴 수밖에 없다.

현재는 아빠라는 가장의 역할로서만이 아니라 아이의 성 정체성을 키워줘야 할 교육자의 역할로서도 아빠의 역할이 그 어느 때보다 중요한 시기이다.

어릴 때의 교육이 평생을 좌우한다. 세상에 노력만으로 할 수 없는 것이 공부다. 생각해 보자. 밤 새워 공부한 아이보다 공부는 설렁설렁하는 아이가 성적이 더 좋게 나오는 경우를 어떻게 설명할 것인가?

공부는 노력도 중요하지만 기본적으로 두뇌발달이 뒷받침되어야 한다. 유태인들이 잠자리에서 아빠가 아이에게 책 읽어 줄 것을 권하는 이유는 지식을 심어 주기 위한 것만이 아니다.

사람에게는 언어 능력을 좌우하는 좌뇌와 공간능력이 좌우하는 우뇌가 있는데, 일반적으로 여자는 좌뇌형이 많고 남자는 우뇌형이 많다. 대부분의 여자들이 말을 잘하고 공감능력이 뛰어나지만, 자동차 운전을 어려워하거나 기계 다루는 것을 어려워한다. 이에 비해 남자들은 말보다 행동을 앞세우고, 자동차나 기계 다루는 것에 뛰어난 능력을 갖고 있는 것도 같은 맥락이다.

아이가 어릴 때 아빠가 책을 읽어 주면 아이들은 엄마가 채워 주지 못한 두뇌 발달에 큰 영향을 끼친다. 특히 아빠의 저음은 태아가 엄마 뱃속에서 듣는 간접적인 낮은 음과 비슷한 톤으로 안정감을 줘서 아이의 정서형성에 큰 도움을 준다. 잠자리에 들었을 때 아빠가 책을 읽어 주면 아이가 더욱 안정적으로 잠들 수 있게 하는 것이다.

아빠들은 대개 아이들과 공감하는 것보다 가르치려는 경우가 많다. 아이가 스스로 답을 찾기 전에 먼저 해결책을 제시하려는 경향이 강하다. 그런데 책을 통해서 아이들과 함께 하다 보면 대화의 폭도 넓어지고, 아이와 공감할 수 있는 폭도 넓어진다. 그래서 아빠가 더더욱 독서를 통해 아이들과 함께 하는 자리를 만들어 가는 것이 좋다.

엄마가 아무리 신경을 쓴다 하더라도 아이에게 해줄 수 있는 것은 한계가 있다. 힘에 부쳐서 해줄 수 없는 것도 있고, 특히 남자 아이는 엄마도 여자인지라 미처 공감하지 못해 챙겨 주지 못하는 부분이 있다. 엄마가 함께 해줄 수 없는 놀이를 아빠가 해준다면 아이는 더 재미있어 한다. 책을 읽어가면서 내용에 따라 역할극을 할 때 아빠로서 해줄 수 있는 동작이나 행동을 취해 주면 아이들은 재미있어 하며 책과 더욱 가까워질 수 있다. 그러면 아이들이 자연스럽게 책을 가까이 할 수 있는 환경을 조성해 주는 효과도 얻을 수 있다.

어디 그뿐인가? 지금도 그렇지만 아이들이 어른이 되었을 때는 가사 분담이 더욱 중요한 문제로 부각될 것이다. 이제 아내가 챙겨 주는 밥상만 기다리는 남편이 설 자리는 없어진다. 어려서부터 가사에 나 몰라라 한 아빠를 보고 자란 아이들이 가정을 꾸렸을 때 어떤 일이 생길지 상상할 수 있는 부분이다. 아이는 부모의 모습을 보면서 배워 나간다.

아빠가 아이들과 함께 책을 읽어 주며 함께 하는 자상한 모습을 보이면 아이들도 그 모습을 따라 배우게 된다. 내 아이가 훗날 자상한 아빠가 되어 원만한 가정을 이끌 수 있도록 해주는 것은 당연히 아빠의 몫이다. 그래서 더더욱 아이와 함께 하는 자리를 만들어 나가야 한다.

"왜 아빠인가?"

이 질문에 대한 답은 뻔하다.

먼저 아빠와 놀지 못한 아이는 상대적으로 애정 결핍에 걸리기 쉽다. 또한 사회적인 분위기상 아빠와 놀지 못한 아이는 과거보다 더 여성적으로 변할 수 있다. 그래서 아빠가 나서야 한다.

또한 이것은 사랑하는 아내와 가사를 분담한다는 의미가 있다. 맞벌이라면 더욱 그렇고, 설사 전업주부라 하더라도 아빠가 자녀교육에 책임을 가져야 한다는 역할 분담이라는 의미에서 더더욱 그렇다.

그리고 무엇보다 가장 현실적으로 아빠의 자리를 보전하기 위해서도 어쩔 수 없다.

"그럼, 아빠 아니면 누가 있나?"

그래서 이 말은 우리 시대 아빠들의 최대 화두가 되어야 한다.

나는 성장하는 과정에서 좋은 스승과 좋은 벗을 많이 만나 큰 도움을 받았다. 그러나 무엇보다도 아버지로부터 받은 사랑과 교훈 그리고 모범이 가장 훌륭한 교훈이었다.
— 발포아

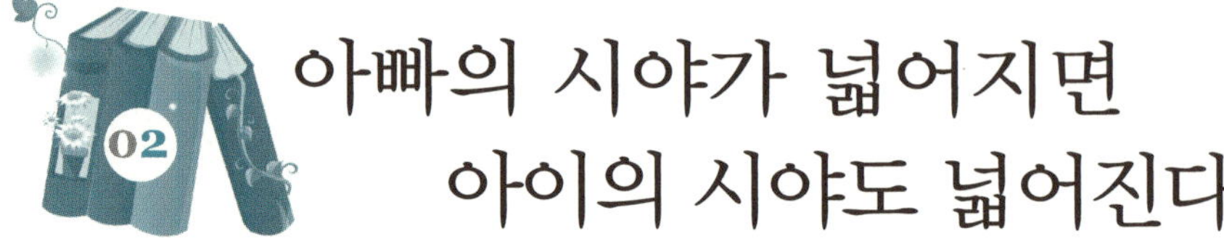

아빠의 시야가 넓어지면 아이의 시야도 넓어진다

자녀들이 필요로 하는 아빠의 사랑과 신뢰, 도움 등은 6세 이전, 그 중에서도 특히 3세 이전에 가장 절실히 필요하다. 사람의 일생을 좌우하는 거의 모든 교육의 결정적 요소들은 주로 이 시기에 완성된다. 이 시기에 아빠는 권위적 태도를 버려야 한다. 스무 살이 되기 전까지 두뇌가 완전히 발달한 것이 아니기 때문에 권위적인 아빠의 태도가 아이의 두뇌발달에 부정적인 영향을 끼칠 수 있기 때문이다.

"요즘 아이들은 버릇이 없어."

3000년 전부터 전해져 내려오는 어른들의 이런 말은 선천적으로 감정적인 판단을 먼저 하게 되는 아이들의 두뇌를 이해하지 못하는 데서 온 것이다. 실험에 의하면 아이들은 어떤 상황에 처했을 때 감정적인 판단이 앞서는 것으로 나타났다. 똑같은 사실을 접하더라도 어른들은 이성적인 판단을 하는 데 비해, 아이들은 그때그때 감정에 따라 판단이 달라진다. 아직 아이들의 이성적인 판단을 조절하는 두뇌가 온전히 갖춰지지 않았기 때문이다.

부모라면 아이의 이런 특성을 잘 알고 있어야 한다. 아이를 훈육할 때 아무리 좋은 말이라도 아이의 감정을 먼저 헤아리지 못한다면 아이 귀에는 오히려 잔소리로 들릴 수 있다는 것이다. 이런 특성을 이해하지 못하고 아이들을 훈육하려고 하면 아이들은 비뚤어진 길로 가는 상황이 발생하기도 한다.

특히 집안에서 권위적으로 아이를 대하기 십상인 아빠들의 훈육 태도가 아이의 인생에 끼치는 영향은 지대하다. 아이 입장에서는 아빠의 말이 아무리 옳다고 이해한다 하더라도 자신도 모르게 감정이 먼저 올라오면 아빠 말을 전혀 듣지 않게 된다. 결국 아빠가 아무리 좋은 말을 해 줘도 권위적으로 하는 말은 아이에게 오히려 독이 될 수 있는 것이다.

아빠의 시야가 넓어져야 아이의 시야도 넓어진다. 아빠의 시야는 아이들이 세상을 바라보게 하는 망원경과 같은 역할을 한다. 이성적인 두뇌가 발달하기 전에 감정적인 두뇌에 따라 행동하는 아이의 판단력은 어릴 때 부모로부터 훈육된 교육 형태 그대로 세상을 바라보게 된다. 즉 아이들은 자신들의 눈으로 세상을 보기 전에 부모의 눈으로 세상을 먼저 보게 된다는 것이다.

아이들에게 책을 읽어 주는 일은 그 어떤 학습보다도 먼저 해야 할 일이다. 부모와의 책 읽기 체험은 아이들에게 지적 활동의 출발점이 되기 때문이다.

아이들은 책의 그림이나 글자만 읽는 것이 아니라 엄마와 아빠의 숨소리나 체온, 체취까지도 기억한다. 따라서 부모와의 따뜻한 유대 속에서 책의 세계로 인도된 아이들은 평생 책 읽기를 기분 좋은 일로 습관화할 수 있다.

이제 아빠만의 장점을 찾아 접근해 보자. 아빠가 책을 읽어 줄 때의 장점은 다음과 같다.

1) 힘 있게 읽어 줄 수 있다

동화 속 주인공들의 반은 남자이다. 아니, 그 이상일 수도 있다. 그렇기 때문에 그 등장인물에 힘을 불어넣어 주고 실감나는 표현을 아빠가하는 것이 쉽고 엄마보다 더 잘할 수 있다. 물론 엄마가 책 읽어 주는 것도 필요하다. 똑같은 책을 엄마와 아빠가 다르게 읽어 주면 아이들은 같은 책이라도 또 다른 느낌을 받는다. 이런 활동을 통해서 아이에게 균형적인 정서를 심어 줄 수 있다.

2) 동심으로 돌아가는 계기

아이들 책 속에는 의외로 재미있고 다양한 이야기들이 많이 있다. 따라서 아빠가 아이에게 책을 읽어 주는 동안 재미있는 지식을 얻으며 스스로도 잊고 있었던 동심을 일깨우는 계기가 될 수 있다. 아빠가 동심을 회복하면 아이의 눈높이와 관심사를 맞출 수 있고 아이와 친구처럼 대화할 수 있게 된다.

3) 대화하는 기회가 많아진다

아빠가 아이에게 책을 읽어 주다 보면 자연스럽게 아이와 대화를 하게 된다. 평소에 미처 몰랐던 내 아이의 생각에 대해서 느낄 수 있는 계기가 될 수 있다. 더 나아가 가족 모두가 책을 읽고 토론을 한다면 이러한 가족 간의 대화를 통해서 끈끈한 가족애를 확인하는 소중한 체험을 하게 될 것이다.

이처럼 아빠의 행동이 달라지면 아이도 행동이 달라진다. 즉 아빠가 어떻게 하느냐에 따라서 아이의 달라진 모습을 확인할 수 있다. 이 땅의 모든 아빠들은 위대한 교육자가 될 수 있다. 학교와 엄마에게만 자녀교육을 맡기지 않고 직접 교육에 나선다면 말이다. 그 문은 항상 열려 있다. 아빠 스스로 그 문이 닫혀 있다고 생각할 뿐이다.

매우 특별하고 독창적인 학습법을 생각하기보다 아빠가 가진 장점을 십분 활용한 학습법이 더 좋다는 것을 명심하자. 독서와 학습을 자연스럽게 연결시킬 수 있는 연령에 이르면, 책을 읽어 주던 습관처럼 '우리 함께 공부하자.'는 식으로 아이를 이끌 수 있다. 어려서부터 독서를 해 온 학생들이 우등생이 된다는 말을 실감하게 될 것이다.

엄마와 아빠의 교육으로 고루 균형 잡힌 교육이 무엇보다 중요하지만, 현재 우리의 자녀교육은 엄마가 더 큰 비중이 있는 것이 사실이다. 이때 아빠의 장점을 활용해 자녀교육에 조금씩이라고 참여한다면 큰 효과를 기대할 수 있다. 엄마가 다루지 못했던 부분과 보지 못한 부분을 아빠가 채워줌으로써 아이들은 더 큰 시야를 갖게 될 것이다.

> 책은 남달리 키가 큰 사람이요, 다가오는 세대가 듣게끔 소리 높여 외치는 유일한 사람이다.
> – 브라우닝

심리적인 만족감을 느끼게 하라

많은 아빠들이 자녀를 마냥 어린아이 취급하면서 자신의 통제 아래 두려는 경우가 많다. 하지만 부모라는 이유로 아이를 함부로 통제하거나 간섭하면 문제가 생기기 쉽다. 아이에게 필요한 것은 통제나 간섭이 아니라 아이의 인격을 존중하고 아이가 스스로 자신의 이성적 판단력을 키워갈 수 있도록 도와주는 것이다.

예전의 아이들은 가업을 물려받는 경우가 많았다. 그래서 아빠는 아이에게 가업을 물려주는 일을 가르치는 과정에서 자연스럽게 아이에게 아빠의 인생관을 물려줄 수 있었다. 아이도 아빠를 통해 일을 배우며 아빠의 세계관을 배울 수 있었다.

그러나 요즘은 아빠와 아이들의 거리가 너무나 멀다. 초등학생들을 대상으로 가족관계를 나타내는 그림을 그리라고 해보면 아빠가 없는 경우가 많다. 그만큼 아이들의 생활 속에서 아빠들이 멀어지고 있는 것이다. 몸이 멀어지면 마음도 멀어진다는 말이 있듯이 아이들의 마음속에 아빠의 존재는 점점 지워지고 있다. 오로지 가족을 위해서, 돈을 벌어오기 위해서, 사업을 하기 위해서 바깥으로 나돌 수밖에 없는 아빠들로서는 여간 억울한 일이 아닐 수 없다.

하지만 모든 사람들이 몸이 멀어졌다고 해서 반드시 마음까지 멀어지는 것은 아니다. 같이 있는 시간이 많아도 마음이 더욱 멀어지는 사람이 있고, 떨어져 있는 시간이 많아도 마음은 더욱 가까워지는 사람이 있다. 이와 마찬가지로 모든 아빠가 바쁘다고 해서 아이들과 마음이 멀어지는 것은 아니다. 설사 아이와 함께 하는 시간이 많더라도 아이의 심리를 제대로 읽지 못하면 더욱 멀어지는 경우가 있다.

문제는 여기서부터 출발이다. 몸이 멀어져 있으면 마음으로 미안한 생각이라도 하게 되지만, 몸이 가까이 있으면 자칫 나는 잘해줬는데 아이가 내 마음을 몰라 준다는 착각에 빠질 수 있기 때문이다. 아이에게 아무리 정성을 들이고 잘 해주었다고 하더라도 아이가 간섭이나 잔소리로 받아들인다면 문제의 심각성은 더욱 커지는 것이다. 아빠는 해준 것이 많은데 아이는 나쁜 것만 받게 되었으니 오히려 아빠가 아무것도 안 해준 것만 못하게 된다. 그런 과정에서 아빠의 잔소리는 더욱 커지고 아이 감정의 골은 깊어만 가는 것이다.

그래서 아빠가 먼저 변해야 한다. 아빠가 먼저 아이에게 진정으로 필요한 것이 무엇인가를 살필 줄 알아야 한다. 아이에게 아무리 좋은 것을 해줬어도 아이가 원하는 것이 아니라면 그것은 이미 아이를 해치는 것이라는 것을 알아야 한다. 아무리 좋은 말을 해줬어도 아이가 들을 자세가 되지 않은 상태라면 그것은 오히려 아이를 나쁜 길로 이끄는 행위라는 것을 알아야 한다. 아무리 하찮은 것이라도 아이가 원하는 것을 바로 해줄 수 있는 것이 좋은 아빠의 자세인 것이다.

이렇게 말하면 "아이가 잘못된 것을 해달라고 해도 들어 줘야 한단 말인가?"라고 반문할 수 있다. 이것은 아빠들이 '아이들의 요구를 들어 준다는 것'을 물질적으로만 봐서 생기는 현상이다. 아이가 잘못된 것을 요구할 때 아이의 감정이 상하지 않게 거절하는 것도 아이의 요구를 들어주는 기술 중 하나이다. 아이들은 어떤 요구를 할 때 단순히 물질적인 것만을 취하려고 하지 않는다. 물질적인 것을 취하려는 것은 그것을 통해 정신적인 만족감을 느끼려는 것이다. 따라서 아이가 잘못된 것을 요구할 때는 물질이 아니라 그것을 통해 얻으려고 하는 욕구가 무엇인지 살펴야 한다. 그 마음을 헤아려만 준다면 아이는 이미 그 욕구를 충족했기 때문에 설사 물질적인 것을 거절당했다 하더라도 금방 수긍하는 경우가 많다.

다음의 예는 아이의 심리적인 만족감을 느끼게 한다는 것이 무엇인지 잘 보여 준다.

다섯 살 난 어린아이가 있었다. 어느 날 엄마가 볼일이 있어서 잠시 밖에 나가려고 하는데 아이가 따라 붙으려고 했다. 엄마는 아이를 데리고 나가는 것이 귀찮기도 해서 이렇게 말했다.

"엄마, 금방 다녀올 테니까 넌 집에 남아 있어."

그러자 아이가 물었다.

"엄마, 남는 게 뭐야?"

순간 엄마는 아이에게 대답을 해주다 보면 약속 시간에 늦을 것 같아 서재에 있는 아빠를 가리키며 말했다.

"응, 그건 아빠한테 물어 봐."

"아빠, 남는 게 뭐야?"

아빠는 아이의 모습을 빤히 바라보았다. 진지한 표정의 아이를 보고, 잠시 생각한 후에 아이의 장난감을 가리키며 이렇게 말했다.

"저 장난감 세 개만 가져와 봐."

아이가 가져온 장난감 세 개를 아이 앞에 놓고 아빠가 말했다.

“여기서 두 개를 가져가 봐.”

아이가 장난감 두 개를 빼냈다. 그것을 보고 아빠가 말했다.

“이제 몇 개가 남았지?”

“하나가 남았어.”

“그렇지. 이게 남는다는 거야.”

그러자 아이는 알았다는 듯이 환하게 웃으며 “이게 남는다는 거구나.”라고 말한 후 아무 일도 없었다는 듯이 자기 방으로 가서 장난감을 갖고 놀았다.

얼마 안 있어 엄마가 돌아왔다. 엄마는 혼자 나갔다 온 것이 미안해서 자기를 반기는 아이를 보고 엄마 말을 잘 들어서 기쁘다고 말해 주었다.

기쁘다는 것이 무슨 뜻인지 궁금한 아이는 아빠에게 물었다.

“아빠, 기쁜 게 뭐야?”

아빠는 또 아이의 모습을 보며 잠시 생각에 빠졌다. 그러다가 아이의 팔뚝을 잡아 살짝 비틀어 꼬집었다. 그러자 아이는 아프다며 소리를 질렀다. 그리곤 아빠는 두 팔로 아이를 꼭 안아 주며 이렇게 말했다.

“지금은 어때?”

“응, 기뻐.”

아빠는 아이를 내려놓으며 이렇게 말했다.

“그렇지? 이게 기쁘다는 거야.”

“아, 이게 기쁘다는 거구나.”

아이가 원하는 것은 큰 것이 아니다. 그저 자기의 감정을 맞춰 주기만 해도 크게 만족한다. 물론 아이가 커가면서 물질적인 것을 요구할 때 감당하기 어려운 것도 있지만, 가만히 아이가 원하는 것이 무엇인가를 따져보면 그 속에서 대안이 보인다. 물론 그것을 알아내기 위해서는 부단한 노력이 필요하다. 누구나 아이가 원하는 것을 살핀다고 해서 답을 볼

수 있는 것은 아니다. 그것은 그만큼 노력을 한 부모만이 가질 수 있는
능력인 것이다.

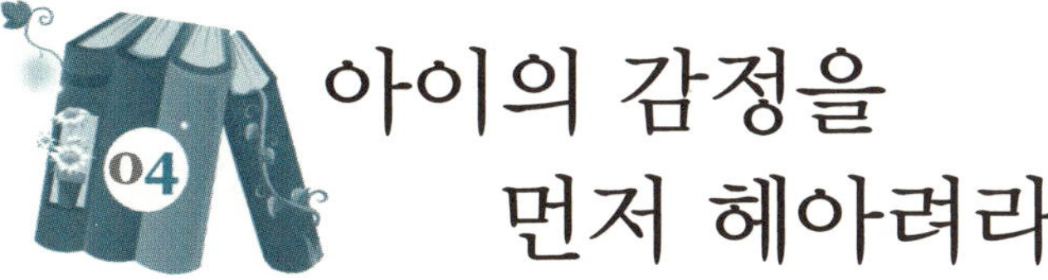

아이의 감정을
먼저 헤아려라

"여보, 애가 학교에서 사고를 쳤나 봐. 당신이 좀 뭐라고 해줘."

이럴 때 뭐라고 해야 할까? 물론 요즘은 슈퍼 대디와 같은 아빠들이 가정교육에 관심을 가지면서 좀 나아지기는 했지만, 아직도 많은 아빠들은 옛날을 못 잊고 있다. 이쯤에서 한번 점검해 보자. 나 자신은 이럴 때 뭐라고 하겠는가?

"애들은 치고 박고 싸우면서 크는 거야. 괜찮아."

대개 많은 아빠들이 이렇게 이야기한다. 물론 맞는 이야기다. 하지만 예전과 환경이 많이 달라졌다는 것을 이해하지 못하고, 이렇게 말하는 것을 신념처럼 믿었다가는 큰일이다.

"남자가 여자를 때리면 안 돼."

감정이 상한 남자 아이에게 이런 식으로 말한다는 것은 문제가 있다. 아이들은 감정이 상하면 이성적인 판단이 마비된다. 더구나 요즘은 같은 교실에 앉아 있는 남자 아이들보다 월등한 덩치를 가진 여자 아이들이 많다. 상대적으로 왜소한 덩치를 가진 남자 아이들이 오히려 여자 아이들에게 괴롭힘을 받는 경우도 많다. 상황이 이런데 '남자가 참아.'라는 식으로 아이들의 감정을 억누르기만 하는 것은 정말 심각한 문제이다.

화가 난 남자 아이들은 먼저 감정을 읽어 주고 이해해 주는 것이 중요하다. 이러한 남자 아이들의 감정 상황을 더 잘 알고 있는 아빠가 자녀교육에 적극적으로 관심을 가진다면 아이들은 균형 잡힌 사회인으로 성장할 수 있을 것이다.

자녀교육을 이야기할 때 빠지지 않는 위인이 에디슨이다. 어릴 때 학교에 적응하지 못해서 학교에서 퇴학당하고, 가정에서 어머니의 창의력을 키워 주는 교육 방법으로 성공한 위대한 발명가, 에디슨. 그는 평생 동안 수천 권의 책을 읽은 독서가로 유명하고, 틈틈이 메모한 습관을 들여 금세기 최고의 발명가로 불세출의 족적을 남긴 위인이다.

하지만 많은 사람들이 에디슨의 빛만 보고 있다. 세상이 혼자 사는 것이라면 에디슨은 분명히 성공한 사람이다. 하지만 에디슨은 한 집안의 가장으로는 실패한 삶을 살았다.

〈위대한 남자들도 자식 때문에 울었다〉(모리시타 겐지)라는 책에는 한 시대를 풍미한 10명의 위인들과 그들의 빛에 가려진 자녀에 대한 이야기가 담겨 있다. 그 중에 에디슨의 이야기는 아빠들이 교사로 삼아야 할 생생한 교훈이 담겨 있다.

에디슨의 큰아들인 토머스 주니어는 아버지의 발명품을 이용해 '전기 활력회복기'라는 가짜 건강기계를 판매하다 사기죄로 몰렸고, 에디슨은 말년에 아들 회사를 사기죄로 고소해서 문을 닫게 만들었다. 결국 큰아들은 사기꾼이라는 오명을 벗지 못하고 자살로 생애를 마감했다. 어디 그뿐인가? 둘째아들 윌리엄도 사업에 손을 댔지만 하는 일마다 망해서 평생 실업자로 살며 아버지에게 빌붙어 살아야 했다.

에디슨은 정식 교육을 받지 않아 내면에 공교육을 부정하는 마음이 컸다. 그래서일까? 에디슨은 자식들에게 체계적인 교육을 시키지 않았다. 설상가상으로 자신은 발명에 몰두하느라 늘 바빴고, 아내는 몸이 아파 자식들을 제대로 돌볼 틈이 없었다.

우리는 주변에서 에디슨 같은 아빠들을 많이 만난다. 일종의 정신적 외상으로 볼 수 있다. 어릴 때 자신의 경험을 바탕으로 '내가 어른이 되면 저렇게는 하지 말아야지.' 또는 '내가 어른이 되면 이것만은 꼭 할 거야.'라고 새긴 확신이 전부라고 여기는 것이다. 이러한 생각을 하는 것은 어리석은 일이다. 에디슨에게 학교는 어릴 적에 상처만 안겨 준 곳일 수 있다. 그것이 어쩌면 정신적 외상으로 자리 잡아 '학교는 가지 않아도 돼.'라며 자녀를 방치한 것일 수도 있다.

에디슨은 자녀교육에 실패한 사람이다. 그가 말년에 겪어야 했던 고통을 우리가 답습할 필요는 없다. 자식은 내 행복의 원천이다. 세상을 다 얻었다 하더라도 자식이 잘못된 길로 빠졌을 때 과연 무엇을 얻었다 할 수 있겠는가?

아이들은 저절로 크지 않는다. 부모가 어떻게 키우느냐에 따라 운명이 달라진다. 더구나 지금은 시대가 많이 바뀌었다. 아이들은 치열한 경쟁에 내몰려 있다. 옆에서 돌봐주지 않는다면 결코 스스로 일어날 수 없다. 진정으로 내 아이를 위한다면 고민해야 한다. 내가 성공하는 데 디딤돌이 되었던 환경이 바뀌었다는 것을 안다면, '우리 땐 안 그랬어!'와 같은 말이 얼마나 아이의 억장을 무너뜨리는 말인지 생각해 봐야 한다.

옛날에만 해도 자수성가할 확률이 높았다. 나만 그런 것이 아니라 남들도 다 그랬기 때문에 어떻게든지 혼자라도 노력하면 먹고 살 일을 찾을 수는 있었다. 하지만 지금은 엄청난 환경의 변화가 일어났다.

내가 그랬다고 해서 아이에게도 똑같은 방법을 적용해서는 큰 문제를 일으킬 수 있다. 내가 치고 박고 자랐다고 해서 내 아이도 그렇게 자라야 한다고 생각했다가는 한순간에 아이를 사회 부적응자로 만들 수 있다. 자신들의 어린 시절만 생각하고 아빠들이 돈만 벌어다 주면 됐다고 해서 나도 아이들에게 돈만 벌어다 주고, 좋은 환경만 만들어 주면 된다고 생각했다가는 아이가 엉뚱한 방향으로 자랄 수 있다. 물질적 풍요를 누릴 줄 몰라 술과 마약에 빠질 수 있고, 손쉽게 돈 버는 방법에 빠져들었다가 사기범으로 인생을 마감할 수도 있다.

그렇기 때문에 아빠가 더욱 관심을 갖고 새로운 책들을 읽어가며 아이들의 이런 감정을 다스리는 법을 배워야 한다. 〈금성에서 온 남자, 화성에서 온 여자〉와 같은 남자와 여자의 차이를 극명하게 보여 주는 책들로 아이와 함께 하는 시간을 가져봐야 한다. 평소에 아빠의 입장에서 경험담도 들려주며 여자와 남자의 차이점을 이해시켜 준다면 아이도 학교에서 여자 아이를 대하는 태도가 달라진다.

〈내 아이를 위한 비폭력 대화〉와 같은 책을 통해 아이에게 대화하는 법을 가르쳐야 하며, 감정 코치와 관련된 책들을 수시로 접하며 일상에서 아이와 함께 배워 나가야 한다.

옛날에는 어릴 때 치고 박고 싸우는 것을 당연한 것으로 여기는 사람들이 많았다. 아이들이 싸워도 그냥 애들 문제로 보고 봐주는 경우가 많았다. 하지만 요즘은 어쩌다 한번 잘못 싸운 것 때문에 영원히 문제 있는 아이로 낙인찍힐 확률이 높다. 내 아이만 감싸는 부모들 때문에 학교 선생님도 어쩔 수 없이 문제를 일으키면 조치를 취해야 해서 만들어진 규칙을 엄격히 적용하려 들기 때문이다. 결국 부모가 아이의 감정을 잘 살펴 주지 못하면 한순간에 폭력적인 아이로 낙인찍힐 수 있다.

05 하루 15분으로 현명한 아빠가 된다

　사람이 한 가지 일에 집중해서 가장 큰 성과를 얻을 수 있는 시간은 15분이라는 것이 통설이다. 미국에서 중간광고 시간을 15분으로 잡은 이유도 여기에 있다고 한다. 15분 이상이 지나면 인내의 한계가 있다는 설이 있다. 이것을 반영이라도 하듯이 시중에는 다양한 자기계발서나 실용서의 제목에 '15분'이 널리 활용되고 있다. '15분 독서법', '15분 건강법', '15분 정리의 힘' 등 다양한 책들이 15분의 유용함을 강조하고 있다.

　집에서 아이와 놀아 줄 때 만족감을 극대화 시키는 것도 15분이라고 한다. 아무리 바쁘더라도 아이와 15분만 잘 놀아 주면 온종일 놀아 준 것과 같은 효과를 얻을 수 있는 것이다.

　어디 그뿐인가? 하루에 15분이라도 자신의 삶에 대해서 진지하게 생각해 볼 수 있는 여유를 가진 사람이라면 행복한 사람이다. 매일 15분이라도 가만히 앉아서 모든 생각을 내려놓고 자신을 성찰할 수 있다면 행복하다. 그러나 막상 15분을 가만히 앉아 있기란 쉽지가 않다. 오만 가지 잡생각이 올라오거나 몸이 뒤틀려서 쉽게 15분을 채우기가 쉽지 않다. 이것은 해본 사람만이 알 수 있다.

그런데 자신을 성찰하기 위해 하루 15분을 알차게 활용하는 방법이 있다. 바로 독서다. 물론 하루 15분 독서로 얻을 수 있는 지식의 양은 그리 많지 않다. 하지만 독서는 단순히 책 속에 있는 지식을 습득하는 효과만 얻을 수 있는 것이 아니다. 요즘은 과학자들이 각종 연구 자료를 통해 독서의 뛰어난 효과를 발표하고 있다.

그 대표적인 것이 독서가 두뇌계발 도움에 특효약이라는 것이다. 독서를 통해서 치매를 치료하는 방법도 연구 중에 있고, 독서를 통해서 스트레스를 줄이는 방법도 다양하게 연구되고 있다. 인간의 신체기관 중에 두뇌만큼 중요한 것도 없을 것이다. 이 두뇌의 발달 정도에 따라 그 사람의 인지능력과 판단능력, 지혜로운 삶의 방식이 좌우되는 것이다. 이 두뇌 발달에 가장 좋은 것이 독서라는 것이다.

앞에서 우리는 아빠 노릇하기가 참으로 힘들다는 것을 알았다. 때로는 아이에게 엄하게도 굴어야겠지만, 그것이 지나치면 아이를 욕구불만으로 망하게 만드는 길이요, 때로는 아이에게 아빠로서 해줄 것은 다 해주어야겠지만, 그것이 지나치면 아이를 나약한 존재로 만드는 길이 되는 것이다.

더구나 요즘은 한 치 앞도 내다보지 못할 정도로 시대상황이 바뀌어가면서 아빠의 잣대로 아이를 어떻게 해보려고 하다가는 오히려 역효과를 볼 수가 있다. 아무리 좋은 정보를 갖고 좋은 아빠가 되려고 노력을 한다 하더라도 그것이 아이의 입장과 상황에 딱 맞는 것이 아니라면 오히려 아이를 해치는 결과를 자초할 수 있는 것이다.

하루 15분만이라도 명언집이나 아이들의 심리를 다룬 책들을 펼쳐 본다면 그것만큼 경제적인 선택도 없는 것이다. 최소한의 투자로 최대의 이익을 추구하는 경제의 논리를 적용한다면 그야말로 짧은 시간의 투자로 알찬 인생의 질적 변화를 얻을 수 있는 것이 바로 독서인 것이다.

아무리 많은 책을 읽어도 그것을 곱씹어 내 것으로 만드는 과정을 거치지 않는다면 큰 효과를 거둘 수 없다. 그런데 하루 15분만이라도 집중해서 책을 펼치는 습관만 들이게 된다면 그 내용을 곱씹는 작용은 거의 저절로 이루어지게 되어 있다.

짧은 만남, 긴 여운이라는 광고 카피를 떠올리지 않더라도 짧은 독서, 긴 사고가 저절로 이루어지게 되는 것이다. 한 편의 글을 읽고 글의 문구를 외우려고 하는 것보다 자신도 모르게 저절로 '아하!' 하는 감탄사와 함께 입가에 미소를 짓게 된다면 그것이야말로 내 삶을 질적으로 변화시키는 청량제가 되는 것이다.

하루에 15분, 책을 읽는 것이 익숙해지면 아이와 함께 책을 읽는 시간을 정해두고 책 읽는 습관을 생활화하는 것도 아이가 책을 좋아하게 하는 좋은 방법이다.

정해진 시간에 15분씩 책을 읽는 것을 생활화한다면, 저절로 책을 읽는 습관이 생길 것이다. 15분에서 30분, 1시간으로 책을 읽는 시간을 늘려 가면 더욱 좋다. 시간을 정해놓고 읽다 보면 어느새 책 읽는 시간은 저절로 늘어나 있을 것이다. 여기에 하나를 더하자면 가능한 많은 책을 읽어야 한다. 그런 자신의 모습을 따라하는 아이는 저절로 책을 좋아하게 될 것이 분명하다.

그리고 책이란 풍부한 교양과 지식, 지혜와 진리를 얻기 위한 좋은 도구이며, 세상의 이치를 깨닫게 한다. 이러한 과정을 통해 조금이나마 현명한 아빠로 거듭난다면, 그 모습을 보고 자란 아이 또한 현명한 사람으로 자라게 된다. 앞에서 여러 번 반복했듯이 자식은 부모의 거울이라는 점을 잊지 않는 것이 중요하다.

한 문장이라도 매일 조금씩 읽기로 결심하라. 하루 15분씩 시간을 내면 연말에 변화를 느낄 것이다.

– 호러스 맨

할렘가에서 태어나 세계 최고로 우뚝 선 여인

미국에서 토크쇼의 여왕으로 불리며 최고의 영향력 있는 여성 중 한 사람으로 꼽힌 오프라 윈프리를 모르는 사람은 거의 없다. 그녀는 토크쇼뿐만 아니라 영화, 텔레비전 프로그램 제작, 출판, 인터넷 사업을 총망라한 그룹의 대표로 최고의 비즈니스 우먼이기도 하다. 재산이 무려 1조 원에 이를 정도로 돈과 명예를 모두 얻은 사람이다.

그런 그녀의 과거는 비참했다. 결혼도 하지 않은 부모한테서 사생아로 태어나 9살에 사촌 오빠한테 강간까지 당하는 아픔이 있었다. 14살에는 아이를 사산하는 아픔까지 겪어야 했던 아무런 희망도 없던 수렁에 빠져 삶을 살아야 했다.

그러나 그녀는 어릴 때부터 아무리 어려웠어도 놓치지 않은 것이 하나 있었다고 한다.

"독서가 내 인생을 바꿨다."

그녀는 어린 시절부터 일주일에 책 한 권은 꼭 읽었다고 한다. 그녀는 책을 통해서 자신의 희망을 발견했고, 자신의 삶은 자신이 책임져야 한다는 사실을 각인하게 되었다고 한다. 절망적인 환경 속에서도 희망을 놓지 않도록 그녀를 지켜준 것은 어린 시절의 독서였다.

그녀는 총 30권이 넘는 베스트셀러를 내놓았고, 그녀가 자신의 책으로 출판업자들에게 안겨준 매출은 무려 약 2억만 달러에 달할 정도라고 한다.

오늘날 그녀를 토크쇼의 여왕으로 만들어 준 것은 바로 어려서부터 겪었던 밑바닥의 처참한 삶을 독서로 승화시킨 지혜의 샘물이었다고 할 수 있는 것이다.

▶ ▶ ▶

아이의 교육이나 독서 지도라고 하면 거창하고 어려운 일이라고 생각하기 쉽다. 또 전문적인 지식이 필요한 일이라고 생각할 수도 있다. 독서가 좋다는 것은 알면서도 실천한다는 것은 어렵기 마련이다. 작은 실천만으로도 내 아이를 바꿀 수 있다는 것을 유념하고, 사랑하는 내 아이를 위해 독서 지도 실력을 하나씩 쌓아야 한다.

부모의 독서 지도 비결 중에 최고는 아이들 앞에서 책 읽는 것을 일상처럼 보이는 것이다. 아이는 말없이 부모의 성품을 따라 배우기 때문이다. 여기에 좀 더 연구하는 모습을 보여 주면 좋다. 아이가 책을 좋아하게 만드는 방법은 부모가 책을 가까이 하는 모습이 가장 우선이지만, 주변 환경도 중요하다. 거실이나 방에 다양한 종류의 책들을 비치해 놓고 아이가 언제든지 책을 장난감처럼 갖고 놀게 주위 환경을 만들어 주는 것이다.

그리고 아이들의 독서 교육의 효과를 극대화시키기 위해서 세밀한 부분까지 챙길 수 있다면 더욱 좋다. 아이가 좋아하는 취향, 아이에게 꼭 필요한 책, 아이가 책을 효과적으로 활용할 수 있도록 하는 비결을 알아두면 더 좋을 것이다. 하지만 자칫하면 아이들한테 극성스러운 부모로 낙인찍힐 수 있다는 것은 항상 염두에 두어야 한다.

Part 4

책을 좋아하는 아이로 만드는 독서 지도법

01 독서 지도 전에 알아야 할 체크 포인트

02 내 아이에게 맞는 독서법을 찾아라

03 독서하는 분위기를 형성하라
(1) 아이와 함께 서점, 도서관에 가라
(2) 책 종류에 대한 편견을 버려라
(3) 눈과 가까운 곳에 책을 둬라
(4) 수준에 맞는 책을 골라라

04 효과적인 독서 지도 전략
(1) 상상력을 키우는 유아기
(2) 직선과 사선을 구분하는 문자 학습 시기
(3) 독서 습관이 필요한 초등 저학년
(4) 표현력이 향상되는 초등 고학년

▶ 어린 시절의 독서가 인생에 미치는 영향 [4]

독서 지도 전에 알아야 할 체크 포인트

얼마 전에 시골에서 나고 자라 결혼하고 평생 농사를 지으며 사신 85세 할머니가 일본 노래를 흥얼거리는 소리를 들었다. 일제 강점기 때 태어나서 해방되기 전에 잠깐 배운 것을 아직까지 기억하고 있는 것이었다.

너무 신기해서 그 노래를 언제 배우셨는지 여쭈었더니, 왜정 때 배웠다고 하신다. 왜정 때면 벌써 약 70년 전이 아니던가? 그 노래를 어떻게 지금까지 기억하고 계시냐고 다시 여쭈었더니 소학교를 다니다 그만 둔 게 배움의 전부였다며, 자신도 왜 그것을 기억하는지 모르겠다는 대답뿐이었다.

세 살 버릇이 여든까지 간다는 말처럼, 세 살 때 배운 것이 여든까지 간다는 사실을 새삼 떠오르게 하고, 어릴 때 배움이 얼마나 중요한가를 깨우쳐 주는 이야기가 아닌가 싶다.

글을 배운 적이 없어서 읽을 줄도 모르는 어르신들이 들려주는 지혜가 담긴 옛이야기들은 어떨까? 그분들은 어릴 때 들었던 이야기를 평생

가슴에 품고 생활 속에 지혜로 활용해 온 것이다.

옛날에는 배우지 못해서 책을 읽을 줄도 몰라 베개 머리맡에서 옛날 이야기로 들려주곤 했다. 그런데 지금은 웬만한 사람이면 누구나 책을 읽을 수 있고, 또 그만큼 풍부한 책들이 많아서 아이들과 재미있는 이야기로 얼마든지 즐거운 시간을 가질 수 있다.

하루에 단 10분씩만이라도 시간을 내어 아이들에게 책을 읽어 준다면 얼마나 좋을까?

세상을 인식할 수 있는 나이의 아이들에게 실감나게 책 읽기를 반복해 준다면 평생 책과 친숙한 습관을 갖게 해줄 수 있다. 어릴 때 부모가 심어 준 책 읽기 체험은 아이가 세상을 살아가면서 처음으로 접하는 지적 활동의 출발점이다. 아이들은 책의 그림이나 글자만 인식하고 기억하는 것이 아니라 부모가 책을 읽어 줄 때의 숨소리나 체온, 체취까지도 기억하게 된다. 부모와 따뜻한 유대 속에서 책의 세계를 여행하게 된 아이들은 평생 소중한 자양분을 갖게 되는 것이다. 또 책 읽어 주기는 유아에게는 문자 학습의 출발점이기도 하다.

"우리 아이에게 어떤 책을 골라 주어야 하나요?"

그에 대한 대답은 분명하다. 어린이의 성장에 맞춰 그림책과 동화책을 단계적으로 골라 주면 된다.

고개도 못 가누는 신생아를 품에 안고 부모가 동화책을 읽어 주는 '북스타트 운동'이 우리나라에 도입되면서 아동의 언어발달 과정이 지시적 교육을 통해서가 아니라 생활 속에서 자연스럽게 체득되는 것이라는 인식이 확산되었다. 이제 아동 발달상의 커다란 패러다임 전환이 이루어지고 있는 셈이다. 우리나라에서도 아이에게 책 읽어 주는 활동이 점점 활발해지고 있어 많은 아이들이 어려서부터 책을 통해 다양한 체험을 하고 있다.

책 속에서 우리는 모든 것을 체험할 수 있다. 시간과 공간, 선과 악을 초월한 광대무변(廣大無邊)의 세계가 있다. 그 속에서 우리는 전혀 새로운 것을 경험할 수 있으며 많은 것을 배울 수 있다. 그러나 서점에 진열되어 있는 수많은 책 속에서 과연 어떤 책이 좋은 책인지 분별하기란 쉬운 일이 아니다. 좋은 책을 고른다는 것은 요리사가 요리의 재료를 고르는 것과 마찬가지이다. 좋은 재료가 좋은 음식을 만드는 것처럼 책도 영양가 있는 좋은 책을 골라야 한다.

출판 홍수 시대에 좋은 책을 찾아내고 이것을 아이에게 바르게 읽히기 위해서는 부모가 좋은 책이 어떤 것인지 선별하는 안목이 있어야 한다. 좋은 독자가 되어서 책을 평가할 줄 알아야 우리 아이에게 좋은 책을 권해 줄 수 있기 때문이다.

아이의 첫 번째 지적 활동이기도 한 책 읽기 체험과 인생의 자양분이 되는 독서의 중요성을 알았다면, 이제는 아이가 어떻게 아이가 책을 좋아하도록 할 것인지를 고민해야 한다. 아이가 책을 좋아하도록 하는 방법에는 여러 가지가 있다. 그러나 그전에 우리는 아이의 성향을 먼저 파악해야 한다. 아이의 성향을 파악하기 위해 부모가 알아둬야 할 것은 다음과 같다.

- 내 아이의 연령
- 내 아이의 성격
- 내 아이의 취향
- 내 아이의 관심사

남들이 아무리 좋은 책이라 해도 내 아이의 연령이나 성격, 취향, 관심사에 맞지 않으면 역효과가 날 수 있다. 공교육에서는 한 교실에 많은 아이를 앉혀 놓고 공부를 하기 때문에 일일이 아이에게 맞춰 가르칠 수 없다. 따라서 부모라면 누구보다 내 아이에게 맞는 독서 지도법을 찾아야 한다.

그리고 무엇보다 중요한 것은 책을 강압적으로 읽도록 하는 것보다는 책과 먼저 친해지게 만들어야 한다. 단순히 독서 감상문 쓰기가 아닌 다양한 방법으로 아이와 재미있게 즐기는 자리를 마련하는 것이 좋다. 아이와 엄마나 아빠가 책을 한 줄씩 번갈아가며 읽는다거나 구연동화와 같이 주인공이라 생각하며 실감나는 연기를 하며 읽는 것도 아이가 책과 친해지게 하는 방법이 된다. 이 밖에도 딱딱하고 단단한 아이들의 책으로 기찻길을 만들어 책 제목을 기차역이라 하며 놀이를 하는 등의 책을 이용해 다양한 방법으로 놀이를 하는 것도 좋은 방법이다.

지금까지는 내 아이의 성향을 파악하는 데 필요한 것들을 알아봤다면, 이제는 우리 아이에게 어떤 책을 읽혀야 하는지 알아보자.

실제로 많은 부모들이 아이들에게는 어떤 책을 추천해 줘야 하는지 잘 모르고 있다. 아이들이 읽으면 좋은 다양한 종류의 책에 대한 제대로 된 파악이 필요하다.

먼저 어린이를 대상으로 한 문학 작품을 다룬 동화책에 대해 알아보자. 어린이를 대상으로 한 이상 어린이의 이해가 전제되어야 한다. 이 '이해'라는 낱말은 '공감'이라는 말로 바꿀 수 있다. 즉 알기 쉽고 재미있어야 한다는 얘기이다. 문장이 난해하거나 재미없으면 아이들은 쉽게 싫증을 내고 외면해 버린다.

동화는 대체 알기 쉬운 글로 되어 있다. 알기 쉬운 글의 최대 특징은 횡설수설한 글이나 문법에 어긋나지 않으며 한 번을 읽어도 쉽게 개념 파악이 되는 글이다.

아이들이 좋아하는 책들은 대체로 서술이 구체적이다. 관념적인 어휘로 엮어진 글은 결코 아이들의 마음을 사로잡지 못한다.

동화나 이야기책이라면 바로 명작을 떠올리지만, 비록 엉터리라고 할지라도 부모가 아이에게 해주는 '지어낸 이야기'도 충분히 유익하고 재미가 있다. 또한 이야기를 통해서 부모와 아이들의 마음이 통하기 때문에 아이에게는 언제까지나 아주 소중한 추억으로 자리 잡게 된다.

이처럼 부모가 아이에게 이야기하다가 걸작이 태어나는 수도 있다. 〈아기 곰 푸우〉, 〈이상한 나라의 앨리스〉, 〈삐삐롱스타킹〉 등의 원형도 역시 이러한 이야기였다.

둘째는 과자 같은 책, 만화이다. 만화의 세계에는 동화나 그림책과는 다른 정말 즐겁고 유쾌한 것들이 가득 차 있다. 미래나 가공의 주인공을 그리는 SF물, 상상도 할 수 없었던 갖가지 괴물, 거기에다 변화가 많은 줄거리는 지금까지의 문학으로는 도저히 그릴 수 없었던 다양한 재미가 있다.

일반적으로 이러한 장르는 기분 전환을 위해 잠깐 즐기는 것이 교육적으로 옳다고 생각하는 부모들이 많다. 그러나 요즘엔 만화가 가진 특성을 교육적으로 접목시키고자 많은 노력을 기울이고 있다. 이는 교육적 가치가 뛰어난 만화책이 많다는 뜻이기도 하다. 또한 어려운 정보를 쉽게 풀어 주는 역할도 만화가 하고 있다. 만화는 글보다 쉽게 접근할 수 있는 그림과 자연스럽게 상상력을 자극하는 여백이 있기 때문에 훌륭한 독서의 반려자라고 할 수 있다.

셋째, 약과 같은 정보와 실용을 담은 학습 보조용 책에 대해 알아보자. 우리 주위에는 약과 같이 몸과 마음에 좋은 책들이 많이 있다. 하지만 약을 과용했을 때 심각한 부작용이 생기는 것처럼 때로는 책도 너무 많은 것이 아닌가 하는 생각이 든다. 세계 최고의 교육열을 자랑하는 만큼 학습능력과 관련된 책들도 저마다 최고라고 뽐내는 듯하다. 하지만 진정으로 자녀를 사랑한다면 자녀의 능력과 취향에 알맞은 책을 선별할 줄 아는 지혜를 가져야 한다.

넷째, 맛있는 케이크 같은 동화책은 최근 들어 제대로 번역이 된 책이 출간되고, 우리의 전래동화나 창작동화의 출간이 늘어나고 있어 많은 어린이들이 양질의 책을 읽을 수 있게 되었다.

2000년대 초부터 '거실을 도서관으로 만들자'는 사회 운동은 신흥 전집 출판사들의 전성기를 가져오기도 했다. 부모들이 빈 책꽂이에 꽂아 놓을 책으로 전집을 쉽게 선택한 것이다. 세계 명작, 한국 전래동화, 창작동화 등의 전집류는 가계 부담이 될 정도로 고가인 경우가 많아서 구입하는 데 신중해야 한다. 전집으로 된 책은 그 책이 주는 중압감 때문에 오히려 아이들이 멀리할 수도 있기 때문이다.

다섯 번째는 오래된 장맛과 같은 고전작품을 다룬 책이다. 어른의 지나친 향수로 고전작품을 권하면 미래로 뻗는 아이들의 마음이 책 내용을 받아들이는 데 어려워할 수도 있다. 오늘의 시점에서 보면 주인공의 생활이나 사고에 공감하지 못하는 부분이 있을 수 있기 때문이다. 고전 작품과 아울러 현대 작품도 함께 읽는 자세를 길러 주는 것이 좋다. 고전도 당시에는 현대적인 작품이었다는 것을 함께 일러 주어도 좋다. 그런데 대부분의 고전은 성인을 대상으로 만든 책으로 어린이용으로 각색하여 출간된 것이 대부분이다. 어린 시절의 독서만으로 내용을 다 알기에는 부족한 부분이 있을 수 있다. 성인이 되어서도 다시 한 번 성인용으로 일독을 권하는 것이 좋다.

마지막으로는 영양식 같은 위인전을 들 수 있다. 위인전은 어린이들에게 모방 심리를 자극하는 효과가 크다. 그러나 위인전의 내용이 사실과 다르거나 잘못된 위인에 대한 생각을 심어 준다면 오히려 좋지 않은 영향을 주게 된다. 예를 들어 위인은 어릴 때부터 보통 사람과 다르다는 이야기 등은 어린이에게 거리감을 줄 수도 있다. 위인전을 읽을 때는 '어느 시대의 사람이고, 인물이 활동한 시대적 배경은 어떠했는가? 어떤 행동을 했으며, 어떻게 모범이 되었는가? 어려움에 부닥쳤을 때 그들은 어떻게 그 어려움을 참고 견뎌냈는가? 내가 그들에게 본받아야 할 점은 무엇인가?' 등을 생각하며 읽을 수 있도록 아이들을 지도하는 것이 좋다.

이처럼 아이의 성향을 제대로 알고 있다면, 그리고 다양한 종류의 책이 어떤 역할과 기능을 갖고 있는지 제대로 파악하고 있다면, 아이에게 어떤 책을 추천해 줘야 하고, 골라 줘야 할지 쉽게 결정할 수 있다.

여기서 말한 사항들은 아이가 올바른 독서를 할 수 있도록 지도하기 위해서 부모가 당연히 알고 있어야 하는 기본이다. 아무리 귀찮더라도 아이를 위해서 노력하는 부모가 되어 보자.

Tip 현명한 부모의 책 고르기

아이의 말과 생각을 쑥쑥 크게 하기 위해서는 아이의 입맛에 딱 맞는 책을 선택해야 한다. 아이는 책 읽기를 통해서 자기 자신의 감정을 이해하고 다스리는 능력과 다른 사람의 감정을 읽는 능력을 배운다. 앞으로 우리 아이들이 살아갈 사회는 단순히 이해, 추리, 기억, 계산만 잘해서는 성공할 수 없다. 그런 것은 컴퓨터가 더 잘하는 세상이 아닌가.

부모라면 누구나 자녀가 잘 자라주기를 바란다. 또한 성공한 사람이 되기를 바라며 감정이 풍부한 사람이 되기를 바란다. 그러기 위해서는 우리 아이에게 맞는 책을 찾는 것이 중요하다. 여러 가지 상황, 기분에 따라 변하는 상대에 맞춰 융통성 있게 조절할 줄도 알아야 한다. 책도 '잘 쓰면 영약, 못 쓰면 독약'이 된다는 것을 알고 있어야 한다.

좋은 책이라면 우선 형식과 내용이 잘 어우러져야 한다. 그런 책을 올바르게 선택할 줄 아는 부모야말로 똑똑한 엄마, 현명한 아빠라고 불릴 자격이 있지 않을까?

멋(형식)으로 승부한다!

1. 지은이, 엮은이, 번역한 이의 이름이 뚜렷한 책

2. 읽는 이(독자)의 수준을 고려하여 만든 책

3. 맞춤법과 띄어쓰기가 잘 되어 있고 문장이 잘 다듬어져 있는 책

4. 인쇄가 선명하고 편집에 공을 들인 책

5. 종이의 질이 좋고, 제본이 튼튼하여 꾸밈이 아름다운 책

6. 믿을 수 있는 출판사에서 나온 책

7. 오래전부터 좋은 책으로 정평이 나 있는 책

맛(내용)으로 승부한다!

1. 어린이들이 읽을 만한 가치가 있는 내용

2. 어린이에게 꿈과 상상을 심어 주는 내용

3. 어린이 스스로가 자신의 삶을 사랑하는 내용

4. 긍정적이고 적극적인 가치관이 들어 있는 내용

5. 이웃과 더불어 사는 삶을 보여 주는 내용

6. 성실하게 일하는 삶을 귀하게 여기는 내용

7. 우리의 바른 역사를 알려 주는 내용

8. 통일을 지향하는 내용

9. 자연의 아름다움과 소중함을 알게 하는 내용

10. 새롭고 정확한 지식 정보를 제공해 주는 내용

독서는 다만 지식의 재료를 공급할 뿐이며, 그것을 자기 것이 되게 하는 것은 사색의 힘이다.
— 로크

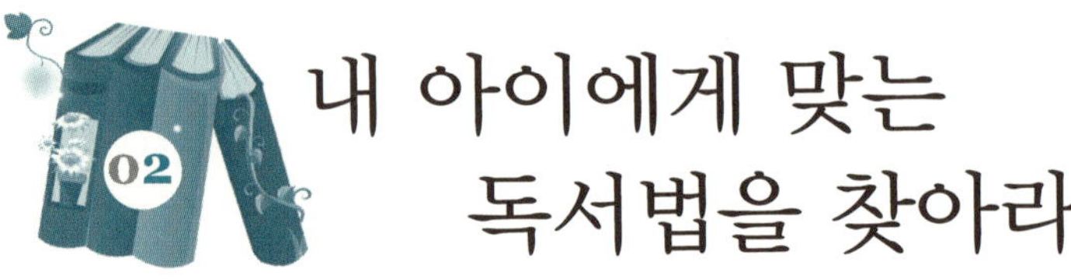

내 아이에게 맞는
독서법을 찾아라

엄마한테 폭력을 행사하는 아빠를 둔 자식이 크면 아내에게 폭력을 휘두르는 남편이 될 확률이 높게 나타난다. 어릴 때 술주정뱅이 부모를 보고 자란 아이들이 나중에 술주정뱅이로 될 확률이 크게 나타난다. 부모가 좋은 말과 좋은 뜻으로 자식을 위해서 모든 것을 바쳤다 하더라도 아이들이 욕심대로 커주지 않는 것은 바로 어릴 때의 환경이 절대적인 영향을 끼치기 때문이다.

극과 극은 통한다고 이와 정반대로 나타나는 현상도 있다. 어릴 때 부모한테 사랑을 받지 못한 아이가 나중에 자식을 위한다고 너무 껴안고 다니다가 오히려 아이를 망치는 경우가 있다. 어릴 때 공부를 못했던 아이들이 나중에 커서 자식을 공부시킨다고 학원으로 과외로 내몰며 오히려 아이의 인생에 검은 그림자를 드리우는 경우도 있고, 어릴 때 잔소리를 들으며 자란 아이들이 나중에 자식을 그대로 방치함으로써 오히려 아이에게 악영향을 미치는 경우도 있다.

글쓰기 교육을 할 때 아이들한테 초보 단계에서 '부모님께 드리는 글'

이라는 주제로 숙제를 내주었다. 그때 몇 아이가 '부모님, 제발 저에게 공부하라고 잔소리 좀 해주세요. 저는 부모님한테 공부하라는 잔소리를 듣는 것이 소원이에요.'라며 글을 써 온 적이 있다. 그래서 이 글의 내용을 공개했더니 거의 모든 아이들이 절대로 믿지 못하겠다면서 아우성을 쳤다.

"에이, 그런 애가 어디 있어요? 괜히 우리한테 들으라고 어른들이 만든 소리죠. 어떤 애들이 공부하라는 잔소리 듣기를 바라겠어요?"

이때 친구들의 눈치를 살피는 아이들이 있다. 그래서 거꾸로 부모님한테 공부하라는 잔소리를 듣는 것이 싫다는 사람이 있는지 확인하는 질문을 했다. 하지만 소리만 요란했지 사실 손을 드는 아이들은 그리 많지 않았다. 그래서 손을 들지 않는 아이들한테 왜 안 들었냐고 물어보면 그 중 몇몇은 이와 비슷한 말을 했다.

"저도 공부하라는 잔소리는 싫지만 어떨 때는 공부 좀 하라고 관심을 보여 줬으면 싶을 때가 있어요."

"저는 공부하라는 말이 잔소리라고 생각하지 않아요. 그것은 부모님이 당연히 관심을 가져야 하는 것 아닌가요?"

부모의 잔소리는 다른 말로 하면 관심이라고도 할 수 있다. 때로는 잔소리를 듣지 못하는 아이들은 부모님이 자신에게 관심이 없다고 생각하는 경우가 생기는 것이다. 그런 점에서 본다면 부모의 잔소리가 듣기 싫다는 아이는 참으로 복 많은 소리를 하는 것일 수도 있다.

독서도 이와 마찬가지다. 책은 읽고 싶은데 책 읽을 분위기가 안 되는 아이들도 있고, 집안을 온갖 책장으로 치장을 했지만 책을 읽고 싶지 않은 아이도 있다. 먼저 내 아이는 어느 쪽인지 살펴볼 필요가 있다. 아이가 책을 좋아하게 만들기 위해서 무엇보다 내 아이에게 맞는 방법을 찾아 나가야 한다.

아이가 읽고 싶어 하는 책은 사주지 않으면서 아이가 읽었으면 하는 책만 잔뜩 쌓아 놓은 부모는 아닌지 확인해 보라. 만약 그렇다면 아이의 욕구를 충족시켜 주는 것이 중요하다는 것을 알아야 한다. 아이가 원하는 책도 사주면서 적당한 비율로 부모가 추천하고 싶은 책을 권하는 것이 좋다.

또는 아이가 원하는 책만 잔뜩 사주고 그 책이 어떤 내용인지도 모르고 방치하고 있는 부모는 아닌지 확인해 보라. 그렇다면 당신이 사준 아이의 책을 읽어 보고 책 내용을 점검해 봐야 한다. 책 중에는 아이들을 좋지 않은 쪽으로 이끌어가는 책도 많다. 아이에게 해가 되는 내용을 담은 책이라면 부모가 적절히 통제해 주어야 한다.

마지막으로 당신이 아이에게 책만 잔뜩 사주고 독서량을 체크하고 있는 부모라면, 그것이 오히려 사회성이 떨어지는 아이로 만들 수 있다는 것을 알아야 한다. 아이와 함께 책을 읽어 가며, 중요한 내용에 대해서는 서로 토론을 하면서 소통의 기회로 삼아야 한다.

무엇보다 중요한 것은 현재 내 아이가 무엇을 원하고 있는지 잘 파악하는 것이다. 관심을 갖고 아이와 대화를 잘 이끌어 나가면 아이가 필요한 것은 금방 알아 낼 수 있다. 아이의 의견을 최대한 존중하고 아이의 욕구를 채워 주며 부모가 원하는 것을 들어줄 수 있도록 이끌어 나가야 한다.

아이를 책으로 이끄는 데는 세심한 배려와 고도의 기술이 필요하다. 똑같은 자식이라도 아이의 성격이나 취향에 따라 서로 다른 기술을 쓰는 것이 중요하다. 위에 언급한 경우가 아니더라도 아이들의 성향을 파악하는 것은 대단히 중요한 부분이다. 부모로서 아이의 상황을 제대로 모르고 책을 읽힐 경우 생기는 부작용은 무시할 수 없기 때문이다.

이처럼 아이의 독서 성향과 상태를 확인하는 방법은 6장에서 자세히 다루었다. 내 아이에게 맞는 독서법을 제대로 파악하여 아이와 독서하는 분위기를 형성, 독서를 습관화할 수 있도록 하자.

내 집이 이 세상에서 가장 따뜻한 보금자리라는 인상을 어린이에게 줄 수 있는 어버이는 훌륭한 부모이다. 어린이가 자기 집을 따뜻한 곳으로 알지 못한다면 그것은 부모의 잘못이며, 부모로서 부족함이 있다는 증거이다.

– 워싱턴 어빙

03 독서하는 분위기를 형성하라

(1) 아이와 함께 서점, 도서관에 가라

독서를 생활화하기 위해서는 아이들과 함께 서점이나 도서관에 정기적으로 들르는 것이 바람직하다. 책 읽기를 싫어하는 아이에게는 책을 읽으라고 강요하기보다 책과 친해질 수 있는 기회를 많이 만들어 주는 것이 더 효과적이다.

또 아이들은 서점에 진열된 책들을 보면서 읽고 싶은 책을 맘껏 볼 수 있다. 아이는 자신이 관심 있는 서가로 자연스럽게 발걸음을 옮기고, 이는 내 아이의 관심사가 무엇인지 알아보는 데 무척 유용한 지표가 된다. 아이는 많은 책을 보면서 지금껏 생각해 온 것보다 더 큰 세상이 있다는 것을 알아갈 것이다.

되도록 아이들이 선택한 책을 구입해 주고, 아이의 관심사와 선택권을 존중하면 아이의 독립심과 자신감을 키워 줄 수 있다. 아이가 고른 책과 함께 아빠가 권해 주고 싶은 책을 함께 구입하여 아이의 관심사의 폭이 넓어지도록 이끄는 것도 중요하다.

도서관을 찾는 것은 서점을 찾는 것과는 또 다른 경험이 될 수 있다. 많은 사람들이 도서관에 모여 공부를 하거나 책을 읽는 모습을 보면서 아이는 많은 생각을 하게 될 것이기 때문이다.

공부라는 것은 모르는 것을 알아가는 것이다. 모르는 것을 알아간다는 것은 항상 새로운 경험을 확대해 나가는 일이다. 결국 공부란 끊임없이 새로운 경험을 찾아 나서는 길이라고 봐야 하지 않을까? 그런 점에서 간접 경험의 대명사인 독서만큼 중요한 것도 없다.

실제로 아이들을 대형 할인 매장에 데리고 가면 아이들이 가장 오래 머무는 곳이 바로 서점 코너이다. 따라서 이것은 부모들이 마음만 먹으면 쉽게 할 수 있는 일이다. 아이들과 함께 서점 코너에 머물러 함께 책을 골라 보는 것도 재미있는 추억 중 하나가 된다는 것을 명심하자.

(2) 책 종류에 대한 편견을 버려라

서점의 어린이 책 진열대에는 각종 만화책이 많다. 특히 여러 종류의 학습만화가 쏟아져 나와서 아이들을 유혹하고 있다. 더구나 책값 또한 만만치가 않아서 아이들이 고른 만화책과 그 가격표를 보고 선뜻 살 마음이 생기지 않을 수도 있다. '만화가 과연 독서 교육에 도움이 될까, 자칫 학습 효과를 떨어뜨리지는 않을까?' 하는 우려와 만화에 대한 부정적인 인식이 자리 잡고 있을지도 모른다.

그러나 만화책의 장점을 간과해서는 안 된다. 공부나 독서에 특별히 흥미가 없는 아이들도 만화책만큼은 거부감 없이 술술 읽는다. 남녀노소 누구나 편안한 마음으로 가볍게 볼 수 있는 책이기도 하다. 만화책은 그림을 활용해 정보를 입체적으로 전달해 주기 때문에 어려운 내용도 쉽게 이해하고 오래 기억하게 해준다. 더구나 요즘은 유익한 정보를 담은 교양 만화책들이 많아 아이가 즐겁게 읽으며 공부도 하는 일석이조의 효과를 얻을 수 있다. 독서하는 습관을 들이려면 먼저 책과 친해져야 한다. 만화책이라고 해서 무조건 반대할 것이 아니라 아이가 원한다면 유익한 만화책을 권해 주는 것이 좋다.

그림책 역시 마찬가지이다. 그림이 많이 들어가고 글이 적다고 해서 학습 내용이 부족하다고 생각할 수도 있지만, 좋은 그림책 한 권은 억지로 읽은 책 열 권 이상의 효과를 가져 올 수 있다. 그림책은 시각적인 효과를 통해 감수성을 높이고 상상력을 키우는 데 큰 도움이 된다.

모든 책은 저마다 장점을 갖고 있으며 그 장점이 아이에게 얼마나 영향을 끼치느냐가 중요하다. 아무리 좋은 책이라도 아이가 원하지 않으면 오히려 책에 대한 거부감만 키울 수 있다. 아이의 좋은 독서 지도를 위해서는 책에 대한 불필요한 편견을 버리는 것이 중요하다.

(3) 눈과 가까운 곳에 책을 둬라

요즘 자식의 교육을 위해서 모든 것을 바치는 부모들이 참으로 많다. 그래서 좀 더 좋은 환경에서 교육을 시키겠다고 위장전입도 불사하고, 빚을 내서라도 좋은 학군이 있는 곳으로 이사를 가기 위해 무리를 하는 분들이 많다. 따라서 학군이 좋은 곳은 집값도 덩달아 뛰어 올라 돈 없는 사람들의 상대적인 박탈감을 유발하기도 한다.

어디 이뿐인가? 오로지 자식의 교육을 위해서 자신들의 중요한 시기의 부부 생활을 사실상 포기하고 자녀들을 유학 보내거나, 또는 아내와 자녀를 해외로 보내고 외로이 사는 이들도 많다. 오죽하면 기러기 부모라는 말이 생겼을까?

그런 점에서 우리는 맹자의 어머니를 빼놓을 수 없다.

맹자 어머니는 처음에 공동묘지 근처에서 살았는데 아들이 장사 지낼 때 하는 곡소리를 따라 하는 것을 듣고 얼른 이사를 했다. 그런데 그렇게 이사한 곳이 하필 시장 근처였다. 이번에는 맹자가 시장에서 물건을 사고파는 장사꾼들의 흉내를 내며 노는 광경을 보고 맹자 어머니는 얼른 글방 근처로 이사를 했다. 그랬더니 맹자가 글 읽은 소리를 따라 하는 것을 보고 '이곳이야말로 내가 아들과 살 만한 곳이구나.' 하고 머물러 살았다고 한다.

한나라 유향의 〈열녀전〉에 전해져 오는 것으로 '맹모삼천지교(孟母三遷之敎)라는 말의 유래가 된 이 이야기를 모르는 사람은 거의 없을 것이다.

그만큼 환경이 아이 교육에 얼마나 결정적인 영향을 미치는가를 보여 주는 예이다. 아이들은 저절로 보고 듣고 배우는 것에 더 큰 영향을 받는다는 것을 모르는 사람은 없다. 문제는 그것을 알면서도 어떻게 실행하느냐의 실천 방법을 몰라 망설이는 경우가 많은 것이다. 교육 전문가들도 아이들에게 교육환경이 얼마나 중요한가를 안다고 하면서도 실생활에 그대로 옮기지 못해 애를 먹는 경우가 많은 것이 사실이다.

맹자의 어머니가 아이를 공부로 이끌기 위해서 세 번씩이나 이사한 것을 우리가 그대로 따라할 수는 없는 것이 현실이다. 이사가 아니라 그 마음을 잘 따르다 보면 일상에서 그와 비슷한 효과를 낼 수 있는 일들이 얼마든지 있다.

아이를 책으로 이끄는 데는 세심한 배려와 고도의 기술이 필요하다. 똑같은 내 자식이라도 아이의 성격이나 취향에 따라 서로 다른 기술을 쓰는 것이 중요하다. 그러나 그 이전에 가장 중요한 것이 바로 아이들이 가장 많이 접하는 곳을 독서의 장이 되도록 환경을 만들어 주는 것이다. 마음만 먹으면 얼마든지 쉽게 실행에 옮길 수 있는 것이 있는데, 그 중

하나가 바로 거실을 서재로 만드는 방법이다. 한때 대중매체에서 '거실을 서재로'라는 슬로건으로 캠페인까지 벌였던 적도 있었다.

그러나 막상 마음을 먹고 서재를 꾸미려고 하면 웬만한 30평대 아파트에도 공간이 부족하게 느껴지는 것이 사실이다. 그러니 그보다 더 좁은 공간에 사는 사람들은 말할 것도 없다. 그런데 '궁하면 통한다.'는 말이 있듯이 서재의 필요성을 간절히 인식한다면 얼마든지 공간을 만들 수 있다.

먼저 '거실에는 소파가 있고, 텔레비전과 오디오 시스템이 있어야 한다.'는 고정관념에서 벗어나야 한다. 거실에서 소파나 텔레비전을 과감히 밀어 낼 수 있는 결단이 필요한 것이다.

이것은 말로는 쉽게 이해할 수 있지만 실행에 옮기기에는 결코 쉬운 일이 아니다. 소파와 텔레비전의 편리한 유혹을 쉽게 떨칠 수 없을 뿐 아니라 그동안 길들여져 온 생활공간의 패턴을 쉽게 바꿀 수가 없기 때문이다. 진정으로 아이의 교육을 위하는 마음이 있다면 맹자의 어머니를 예로 들지 않더라도 아이에게 훌륭한 교육환경을 만들어 주기 위해서는 한 번쯤 꼭 필요한 결정을 해야 한다.

(4) 수준에 맞는 책을 골라라

제일 먼저 책을 접하게 되는 유아기에는 대부분 부모가 책을 읽어 줘야 하는 경우가 많다. 책 읽어 주기는 유아에게 문자 학습의 출발점이다. 그래서 책의 선택이 상당히 중요하다. 우리나라에는 고개도 못 가누는 신생아를 품에 안고 부모가 동화책을 읽어 주는 '북 스타트 운동'을 통해 활발하게 이루어지고 있다. 아동의 언어 발달 과정은 글자를 익혀야 하는 지시적 교육을 통해서가 아니라 생활 속에서 자연스럽게 채

득되는 것이라는 아동 발달상의 커다란 패러다임 전환이 이루어지고 있다. 그런 점에서 어릴 때 책 읽어 주기가 강조되는 것은 정말로 바람직한 현상이 아닐 수 없다.

그러나 느림과 반복이 필요한 시기인 유아에게 책 읽어 주기는 상당한 인내력이 필요하다. 아이를 위한다는 의무감으로 책을 펼쳤다가는 금방 지쳐 떨어지기 십상이다. 따라서 먼저 부모가 아이와 함께 즐기는 마음의 교감이 있어야 한다.

아이들은 두뇌 신경망이 완전히 갖춰지지 않아 새로운 사실을 인식하기 위해서는 수백 수천 번의 똑같은 자극이 필요하다. 처음에는 호기심을 자극하고 두 번째부터는 본 걸 기억하여 유추하도록 해야 한다는 것이다.

한때 텔레비전에서 '텔레토비'라는 프로그램이 아이들에게 선풍적인 인기를 끈 이유 중에 하나가 바로 반복해서 보여 주기였다. 똑같은 것을 한번 보여 주고 다시 보여 주니까, 아이들이 눈에 익은 것이 텔레비전에 나오니까 더욱 재미를 붙이고 집중을 한다는 것이다.

이 시기는 아이들이 지겨울 만큼이나 읽었던 것을 또 읽어 달라고 하기 십상이다. 아니 오히려 한 번 읽어 주었던 것을 또 읽어 줄 때 더욱 관심을 갖고 흥미를 붙인다는 것이다.

이때는 부모 마음대로 아이에게 어떻게 해주려고 하기보다는 아이가 원하는 대로 같이 즐기는 마음으로 하나가 되어 주는 것이 중요하다.

책을 읽어 주기로 마음을 먹었다면 먼저 아이들의 이런 특징을 확실하게 인식하고, 읽었던 것을 또 읽고, 설명했던 것을 또 설명해야 하는 지루함을 가장 큰 적이라고 생각하고 아이와 함께 즐기는 마음을 가질 수 있어야 한다.

부모가 아이의 수준을 미리 알고 책을 읽어 준다면 아이는 저절로 어휘력과 지능을 형성할 수 있을 뿐만 아니라 부모로부터 사랑 받고 있다는 마음을 더 크게 받아들이게 된다.

이처럼 자신의 아이에 대한 관심과 사랑으로 인류 문명의 역사를 바꾼 어머니가 있다. 바로 발명왕 토머스 에디슨의 어머니, 낸시 여사이다. 그녀의 남다른 관심과 사랑어린 교육이 아니었다면 에디슨은 영영 문제아로 남았을지도 모른다.

토머스의 어머니는 자신의 아들이 또래 아이들과는 다른 점이 많다는 것을 발견하였다. 사물에 대한 깊은 생각과 끊임없는 이상한 질문으로 어른들을 당황시켰던 것이다. 토머스는 어른들이 생각할 수 없는 방법으로 직접 여러 가지 실험을 하기도 하였다. 불이 어떻게 타는지 궁금하다며 창고에다 불을 지르기도 하였다.

토머스를 아는 많은 사람들은 대부분 그를 이상한 아이로 취급했고, 학교에 입학한 지 몇 달 지나지 않아 학교에 가지 않겠다고 고집을 부렸다. 어머니는 담임선생님을 만나 보기로 하였다.

"토머스는 국어 시간에는 그림을 그리고, 사회 시간에는 갑자기 '별은 왜 하늘에서 떨어지지 않나요?'라고 엉뚱한 것을 묻는 바람에 수업 분위기를 흐려 놓기 일쑤예요. 앞으로 더 가르쳐도 소용이 없을 것 같으니까 아이를 위해서라도 학교에 그만 보내는 것이 좋을 것 같은데, 어머니 생각은 어떠신지요?"

"토머스는 결코 저능아가 아닙니다. 다른 아이보다 사물에 대한 관심이 많을 뿐이죠. 어머니인 제가 자식에 대해서 알지 못한다면 누가 알겠어요? 저도 더 이상 학교에 아이를 맡기고 싶지 않아요."

어머니는 학교 선생님의 말에 실망을 하고 토머스를 집에서 직접 가르치기 시작했다. 어머니는 되도록 많은 책을 읽도록 지도했다. 앞에서 다뤘던 것처럼 그 이후로 에디슨은 엄청난 독서광이 되기 시작한 것이다. 토머스는 어머니에게 책에서 알게 된 사실을 직접 실험할 수 있도록 실험실을 만들어 달라고 하였다. 그러자 어머니는 흔쾌히 아들의 부탁을 들어 주었다. 이렇게 하여 에디슨은 실험실에서 마음껏 실험을 하면서 인류 문명의 역사를 바꿔놓은 발명품들을 쏟아내기 시작한 것이다.

에디슨이 발명왕으로 이름이 알려진 후 어느 신문기자가 에디슨에게 어떤 대학에서 공부했는지 질문하자, 에디슨은 이렇게 말했다.

"내가 다닌 학교는 나의 실험실이고, 나를 가르치신 교수는 나의 어머니, 바로 낸시 여사이다. 그리고 오늘날 나를 있게 만든 것은 그동안 내가 읽었던 수많은 책들이다."

우리 아이들이 어떤 책을 읽고 어떤 꿈을 꾸느냐는 것은 바로 아이의 독서 교육을 책임져야 할 부모들의 선택에 달려 있다. 오늘 하루 내가 선택한 책 한 권이 아이의 삶을 결정할 것이고, 나아가 우리 민족과 인류의 미래를 결정할 수 있다는 것이다.

그렇다면 지금 내 아이의 수준에 맞는 연령, 발달단계에 따른 독서를 위해서 어떤 종류의 책을 선택해야 할까?

연령별 독서 능력 발달단계(미국의 국립교육연구학회에 의거)와 독서 흥미 발달단계에 따라 어린이들이 좋아하는 도서의 종류와 특징을 함께 살펴보면 다음과 같다.

■ 독서 학습 전 단계(2~6세)

출생 후부터 유치원 정도까지로 이 시기에는 책 읽기에 필요한 여러 가지 생리적, 심리적 요인이 발달하며 독서에 흥미를 나타낸다.

• 구술 동화기(2~3세) :

부모나 어른들이 읽어 주는 동화를 수동적으로 수용하는 단계이다.

이 시기에 독서에 대한 기본 태도를 잘 기르는 것이 좋다. 이해력이 풍부해지므로 약간 어려운 것도 꺼리지 말고 되풀이해 읽어 준다. 책 종류도 지식을 알려 주는 그림책이나 과학 그림책, 이야기 그림책 등으로 사실, 환상, 모험, 자연, 동물, 사랑 등 다양한 주제와 내용으로 꾸며져 있고, 여러 가지 표현 양식을 폭넓게 경험하도록 꾸며져 있는 책이 좋다.

▶ 이 시기에는 이렇게!

부모가 책을 읽어 줄 때 지나치게 구연을 잘하려고 애쓸 필요는 없다. 자연스럽게 읽어 줄 때 아이들은 더 편안함을 느끼기 때문이다. 다만 처음 책을 대하는 아이에게는 책에 흥미를 불러일으키기 위해서 재미있게 구연을 하거나 리듬감 있게 읽어 주면 아이들은 책 속에 빠져들 수 있다. 특히 잠들기 전에 책을 읽어 주거나 이야기를 해주는 일은 단순히 책의 내용을 전달하는 것보다 하루에 몇 분이라도 아이들하고 함께 시간을 보낸다는 것에 더 큰 의미가 있다. 책 읽어 주기가 끝나면 아이들은 편안한 얼굴로 잠을 청하는 것을 알 수 있을 것이다.

• 옛날 이야기 시기(4~6세) :

자기중심적인 세계관 속에서 선악에 대한 개념이 싹트는 시기이다. "왜?" "어째서?"와 같은 질문을 자주 하기도 한다. 선과 악의 갈등 끝에 선이 이기는 이야기가 적합하며 초현실적인 설화나 동물 이야기, 그림책 종류가 적당하다.

▶ 이 시기에는 이렇게!

① 먼저 자녀들이 흥미를 느끼는 분야를 잘 살려 줄 수 있어야 한다. 가령 자녀가 자동차를 유별나게 좋아한다면 자동차와 관련된 책을 많이 접할

수 있도록 해주는 것이 좋다. 책 읽는 일에 자연스럽게 흥미를 가질 수 있도록 하는 좋은 방법 중 하나이다.

② 6세가 되기 전에 부모들이 읽어 주었던 책 중에서 자녀들이 특별히 듣기 좋아했던 책을 골라 주는 것이 좋다. 6세 이전에는 혼자 잘 읽지 못했던 책이라도 6세 이후에는 조금만 도움을 받거나 때로는 도움을 받지 않고도 혼자서 거뜬하게 읽을 수 있다. 여기서 부모가 조심해야 할 것은 혹시 잘못 읽거나 좀 틀리는 부분이 있더라도 그 자리에서 꾸지람을 하거나 틀린 부분을 고쳐 주어서는 안 된다는 것이다. 그 대신 잘 읽은 부분에 대한 칭찬을 아끼지 말아야 한다. 잘 못 읽는 부분이 있다면 그 부분만을 고쳐 주는 것보다 부모가 전체 문장을 올바르게 읽어 주고 자녀들이 따라 읽도록 하는 방법이 효과적이다. 자녀들은 부모가 읽어 주는 부분을 그냥 따라 읽어 가는 것만으로도 올바르게 읽는 방법을 배우게 된다.

③ 긴 문장이라도 문장을 이해할 수 있는 핵심 단어나 문장이 있게 마련이다. 한 문장이 전달하고자 하는 중심 뜻이 담겨 있는 핵심 단어나 문장을 찾아 낼 수 있는 훈련을 시켜 주는 것이 필요하다.

④ '무엇을 어떻게 하라.'는 식의 설명이 자세하게 나와 있는 책들이 있다. 설명이 간단하고 이해하기 쉬워 자녀들이 그대로 따라 해서 저절로 무엇을 만들어 낼 수 있도록 잘 짜여 있는 책이 좋다. 예를 들어 부엌에서 간단하게 만들어 먹을 수 있는 과자, 혼자서도 조립해 만들 수 있는 모형 탱크 등 갖가지 내용을 재미있고 쉽게 설명하는 책이면 더욱 좋다. 이런 책을 통해 자녀들은 책에 재미를 붙이게 되고 전반적인 자신감도 가지게 된다.

⑤ 이 시기에 권해 주는 책들은 이야기 결말이 행복하게 끝나는 것이 좋다. 이 시기의 아이들은 대부분 '고립에 대한 불안감'을 겪는다. 밤에 혼자

자는 것을 싫어한다든지 화장실에 혼자 있지 못한다든지 낯선 곳이면 무조건 가지 않으려고 한다든지 하는 행동들에는 기본적으로 이런 불안감이 깔려 있다. 이런 아이들에게 해피엔딩의 이야기는 정서적으로나 교육적으로 좋은 영향을 준다.

■ 독서 기초 단계(6~8세)

초등학교 1학년 정도까지로 말을 바르게 인지하게 되고, 간단한 문장을 혼자 읽을 수 있게 된다. 혼자서도 책 읽기에 흥미를 느낄 수 있는 시기로 특히 '우화'에 독서 흥미를 가지는 시기이다.

그림책에서 문학으로 이어지는 시기이도 하다. 그렇다고 아이들이 그림책을 끝내고 문학으로 옮겨간다는 것이 아니다. 글자를 읽을 수 있게 되어도 여전히 그림책을 보며 문학도 즐기는 능력이 생겼다는 것이다. 이런 시기에는 이야기가 좀 복잡한 내용의 그림책이 필요한 것처럼 생각하기 쉽다. 그러나 누가 읽어 주는 것이 아니라 문자를 스스로 읽을 수 있다면 복잡한 구성보다 단순한 내용이 훨씬 더 이해하기 쉽다.

그리고 신변의 생활환경과 자기중심적인 심성을 벗어나지 못하지만 상당히 현실적이 된다. 도덕적 타율성 시기로 규범에 대한 무조건적인 수용 경향을 보인다. 즉 선과 악, 진실과 허위, 지혜와 우둔, 정의와 사악 등의 도덕성을 명백히 하고 그 갈등을 좋아한다. 옛날 이야기와 그림책 종류를 여전히 선호하며 우화, 위인들의 유년 시절의 일화 같은 것을 좋아한다.

▶ 이 시기에는 이렇게!

집 짓는 공사로 비교하자면 6세까지가 집의 기본적인 토대를 닦는 시기가 되겠고, 6세 이후부터는 본격적으로 집을 짓는 일에 착수하는 시기라고 볼 수 있다. 어떤 토대를 닦느냐는 것도 중요하지만 그 토대 위에 어떤 모양의 집을 짓느냐는 것도 무척 중요하다.

부모가 책을 읽어 주어야 하는 6세 이전과는 달리 6세 이후부터는 자녀 혼자 책을 읽을 수 있도록 도와주어야 한다. 그렇다고 부모가 책을 읽어 주는 것을 게을리해서는 안 되겠지만 아이들이 혼자 읽는 시간이 점점 많아지도록 지도해야 한다.

■ 독서 초기(8~9세)

초등학교 2학년 정도까지로 음독, 묵독의 기초적인 기능이나 습관이 완성되는 시기이다. 주의를 집중하여 책을 읽을 수 있고 바르게 이해하기도 한다. 어느 정도 빠른 속도로 읽어 나가며 특히 동화에 관심을 기울이는 시기이다.

어른들에게 전적으로 의존하던 것에서 벗어나 자주적인 태도를 가지려고 한다. 이야기에 나오는 인물들의 행동에 공감하거나 비판을 가하는 경향이 높게 나타난다. 거짓말이나 절도 등을 일종의 모험으로 여기고 시도하기도 하는 등 일종의 비행이 싹트는 시기이므로 옳고 그름을 판단하게 해야 한다.

이 무렵에 권할 만한 것은 생활 동화, 신화, 전설, 초보적인 과학 지식에 관한 글 등이다. 독서는 하루아침에 습관이 되는 것이 결코 아니다. 태어나면서부터 독서 준비 과정이 먼저 있어야만 하고 독서에 대한 취미는 어려서부터 익혀야 한다.

이 시기에 책을 많이 안 읽으면 공부에 취미를 잃는 자녀들이 많이 생긴다. 부모치고 책을 읽지 말라거나 또 읽는 것을 격려해 주지 않는 부모는 없을 것이다. 그런데 이 시기는 노는 데 눈을 많이 뜨는 시기인데다 점점 부모 말도 제대로 듣지 않으려 들어 다루기도 힘들어진다. 무작

정 강요하거나 흥미를 느끼지 못할 책을 읽게 해서는 오히려 부작용을
초래할 수도 있다.

① 이야기에 나오는 사람들과 자기 자신을 비교하면서 이야기에 나오는 인
물과 친밀감을 갖기 시작하고 나아가 그 인물과 같은 행동을 해보려는
결심을 하기도 하는 시기이다. 그래서 위인전을 주로 읽게 해주는 것이
교육상으로 좋고, 자녀들의 독서 취미를 붙여 주는 데도 도움이 된다.

② 이야기에 나오는 주인공들, 특히 자녀들의 나이와 비슷한 나이 또래의
주인공들이 큰 문제를 만나 남의 도움 없이 스스로 헤쳐 나가는 이야기
를 담은 책이 좋다. 9~12세 시기의 자녀들은 모험을 좋아하고, 또 모험
도중에 일어나는 주인공의 용감한 이야기를 좋아한다. 자녀들은 이야기
의 줄거리가 주는 단순한 재미보다 주인공의 어떻게 물리쳐 나갈 것인
가에 더 큰 관심을 가지고 있다.

③ 이 시기는 긴 내용의 책을 읽기 시작하는 나이다. 한 번에 앉아 다 읽고
끝내는 분량의 얇은 책보다 2~3번에 나누어서 읽을 수 있는 두꺼운 책
에 더 흥미를 갖기 시작한다. 단순한 줄거리를 가진 책보다는 복잡한 줄
거리를 담은 책이 도움이 된다. 이런 책들은 사고방식을 깊이 있게 할
뿐만 아니라 복잡한 내용을 정리하고 구체화 할 수 있는 체계적인 사고
훈련의 기회를 제공해 준다.

④ 이 시기의 자녀들은 탐정 소설이나 유령 이야기, 괴물이나 외계인 이야
기 등을 담은 책을 좋아한다. 책을 읽다 너무 무섭거나 끔찍할 때 자녀
들은 자기네들의 감정을 소화하기 위해 부모들에게 이야기를 해주려 한
다. 이럴 때 열심히 들어 주어야 한다. 열심히 듣고 또 같이 무서워하고
자녀가 느끼는 것만큼 끔찍한 것처럼 공감을 표현해 주어야 한다. 부모

의 반응이 책을 많이 읽히게 하는 데 무엇보다 중요하기 때문이다.

■ 중등 독서기(10~14세)

초등학교 고학년에서 중학생까지로 이 시기는 개인적인 경험이 증대한다. 또한 독서를 하면서 이해력과 속도가 증가한다.

• 소년 소설기(10~12세) :

친구 간의 관계가 중요해지는 시기이므로 우정이나 사회적 책임을 중요하게 여긴다. 과학적인 흥미가 증진하는 때이므로 사고의 범위가 우주까지도 확대된다. 그러므로 환상적인 이야기로부터 소년 문학, 모험이나 탐험 이야기, 과학 이야기 등이 좋다.

• 전기기(12~14세) :

사춘기에 해당하는 시기이다. 내적인 심리를 추구하는 시기이므로 자칫 고독에 빠지지 쉽고 남녀 간에 반목하는 경향이 있는 때이다. 밝고 명랑한 태도를 형성하도록 하고 상호 이해를 깊게 하여 서로 적응하기 쉽도록 유도할 필요가 있다. 위인들의 인간적 고민을 다룬 전기, 역사 소설, 문학 작품 등이 좋다.

▶ **이 시기에는 이렇게!**

일반적으로 독서 능력의 발달은 연령과 학년의 증가에 따라서 점진적으로 발달하지만, 학년이 높아질수록 좋은 책을 골라 읽는 아이들과 책을 읽지 않는 아이들 간의 독서력 차이가 상당히 커져 간다.

우리나라 대부분 아이들은 초등학교 저학년까지는 평균적으로 비슷한 독서력을 보이나 초등학교 고학년, 청소년들의 독서력에는 큰 차이가 있다. 학년이 올라가더라도 꾸준한 독서 지도가 필요하다.

■ 성숙 독서기(15세 이후)

중·고등학교 시기부터이며 독서에도 깊이를 가지고 독서 습관과 태도가 세련되어진다. 순수문학과 사색서, 종교서 등에 흥미를 느끼기 시작한다.

• 문학기(15~17세) :

사회적 관심이 강하고 현실 사회에 참여하기를 바라는 시기이다. 자아에 대한 긍정과 외부의 압력에 대한 부정을 나타내려 하지만 성인층이 그것을 허용하지 않으므로 비판적, 반항적인 태도를 취하기도 한다. 통속문학과 함께 순수문학에 흥미를 갖는다.

• 사색기(17세 이후) :

객관적인 지성에 입각하려는 태도가 확고해진다. 따라서 기존의 지성에 의심을 갖고 철학적, 사색적인 입장에서 원리를 규명하고 비판하며 그러한 태도 의식 속에서 자신의 이상을 추구하고 스스로의 의견을 펼쳐 나간다. 사색서, 종교서 등에 흥미를 느끼게 된다.

하지만 현재 10대 자녀들 둔 부모들이 자녀의 독해 실력을 놓고 걱정하는 경우가 많다. 자녀들이 10대가 되면서 독서를 안 하고, 그 결과 독해력이 유독 약해 학교 시험이나 입시 시험에서 좋은 성적을 올리지 못한다고 호소한다. 간단히 생각하면 자녀에게 지금이라도 그저 책을 많이 읽으라고 하면 되지 않겠느냐고 말하면 그만일 것 같기도 하다. 그러나 문제는 그렇게 간단하지 않다.

사춘기 전후의 10대 자녀들이라 말을 잘 듣지 않을 뿐 아니라 설령 자녀 스스로 책을 읽겠다고 마음을 먹어도 독서를 위한 기본이 되어 있지 않으면 독해 실력은 하루아침에 눈에 띄게 향상되는 것이 아니기 때문이다.

어려서는 책을 무척 잘 읽고 책을 사랑했는데 10대가 되고서부터 집에서 책 읽는 것을 못 봤는데 어떻게 하면 좋으냐고 호소하는 부모도 있다.

어느 자녀의 경우이든 독서를 안 하면 그 결과 시험 점수가 나쁘다는 공통점을 지니고 있다. 특히 입시 제도가 암기력 위주에서 폭 넓은 독서 바탕이 없으면 좋은 성적을 낼 수 없는 독해 위주로 바뀌고, 그에 따라 교육 풍토도 개선되고 있으므로 부모들의 고민은 더욱 커질 수밖에 없다. 독서 능력이 공부의 관건이 되고 있다고 해도 과언이 아니기 때문이다. 문장에 대한 이해력과 어휘력은 단기간에 되는 것이 결코 아니다. 따라서 입시 학원이나 개인 교사를 잘 두었다고 단번에 얻어지지 않는다. 그렇다면 어떻게 하면 좋을까?

그 답은 의외로 간단한다. 책은 읽으면 읽을수록 독해 능력과 단어 실력이 높아진다. 따라서 우선 자녀들이 책 읽는 것에 재미가 들도록 하면 된다. 그래서 집에서 자녀들을 가르치는 부모의 역할이 무엇보다 중요하게 부각되는 것이다.

올바른 독서 지도를 위해서는 부모가 절대로 해서는 안 되는 일부터 알아 볼 필요가 있다.

▶ 이 시기에는 이렇게!

① 자녀들에게 책 읽으라고 잔소리를 자꾸 하는 것은 절대로 삼가야 한다. 책을 안 읽으면 대학 입시 성적이 떨어지고 결국 대학도 가지 못하게 될지도 모르니 책을 읽어야 한다는 식으로 자녀들에게 압박을 주지 말아야 한다.

② 자녀가 무슨 책을 선택했든지 그 책이 부모의 기대에 어긋난다고 야단
쳐서는 안 된다. 10대 시기에는 여러 가지 분야에 관심도 많고 호기심도
많아 소위 '나쁜 책'도 읽으려 든다. 먼저 자녀들과 책의 내용과 가치관
에 대해 충분한 대화를 하는 것이 바람직하다.

가치관의 문제에 있어서 자녀들과 의견의 차이가 있을 때는 부모의 가
치관에 맞지 않다고 해서 무조건 자녀들의 가치관이 잘못됐다고 설득하
려해서는 곤란하다. 자녀의 의견을 최대한 존중해 주려는 자세가 필요
하다.

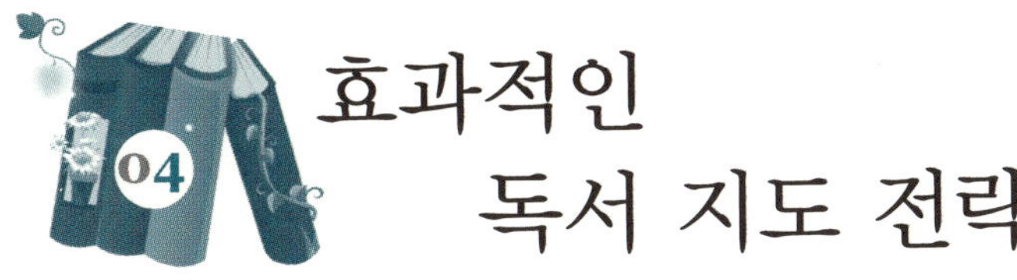

효과적인 독서 지도 전략

글을 처음으로 배우는 아이들은 글자 자체를 바르게 소리 내어 읽는 글자 읽기에 많은 주의를 기울이지만, 글자를 깨치고 난 뒤에는 글의 내용을 이해하고 학습하는 내용 읽기로 관심이 바뀌게 된다. 이것이 곧 학습을 위한 독서이다. 글 내용의 이해와 학습을 강조하는 학습 독서는 곧 공부를 위한 수단과 방법이 된다. 이런 점에서 독서는 곧 공부인 것이다. 독서를 효과적으로 하기 위해서는 무엇보다 전략이 필요하다.

먼저 독서의 목표를 분명히 해야 한다. 세부 내용을 파악하기 위한 독서와 중심 내용을 파악하기 위한 독서가 같을 수 없고, 객관식 시험에 대비하기 위한 독서와 주관식 시험에 대비하기 위한 독서가 같을 수 없다. 이처럼 효과적인 독서의 방법은 독서 목표에 따라서 달라진다.

둘째는 읽고자 하는 글의 내용과 형식을 어느 정도 먼저 알아야 한다. 신문의 사건 보도 기사와 상품 광고의 글을 비교해 보면, 글마다 그 내용과 조직 방법이 다르다는 것을 알 수 있다. 따라서 글을 효과적으로 읽기 위해서는 그 글에 적합한 독서 방법을 선택해야 한다.

셋째는 글을 읽으면서 자기 자신이 무엇을 얼마나 이해하고 있는지 알아야 한다. 즉 자신의 배경 지식이 어느 정도인지 제대로 파악한 다음에 거기에 맞는 책을 골라 읽어야 한다.

위의 세 가지 사항은 책을 읽기 전에 기본적으로 고려되어야 할 사항들이다.

효과적인 독서는 무엇보다 자신의 절실한 필요성(지적 관심과 호기심, 욕구 등에 의한 강한 동기유발)에 의해 선택되어야 한다. 시기별로 봤을 때 어떤 독서 지도법이 좋은지 알아보자.

(1) 상상력을 키우는 유아기

아이에게 책을 읽히는 것은 문자 공부를 시키기 위한 목적보다는 상상력과 논리력, 추리력 등을 키우기 위한 것이어야 한다. 언어 능력과 함께 상상력과 호기심이 크게 발달하는 이 시기에는 긴 글보다 짧은 이야기와 그림을 곁들인 책이 좋다. 언어(문학)와 그것을 뒷받침하는 그림(미술)으로 이루어진 그림책 세계를 마음껏 즐긴다는 것은 곧 점점이 빛나는 별들이 있는 우주를 여행하는 것과 같은 상상력과 호기심을 키워 줄 수가 있다.

또한 이 시기에는 독서 교육과 관련하여 너무 욕심을 내서 아이를 테스트하는 일은 피하는 것이 좋다. 그냥 '그림책은 즐겁다.'는 경험을 갖게 하는 것만으로도 책을 펼치는 즐거움을 얼마든지 심어 줄 수 있기 때문이다.

① 책 선택하기

우선 책을 선택할 때는 전집보다 낱권으로 사는 것이 좋다. 전집을 들여오면 처음에는 소유감 때문에 즐거워하지만 아무 책이나 마구잡이로 읽게 되어 한 권의 책이라도 완전히 내 것으로 만들기가 어렵다.

아이들은 성인과 달라서 한 권의 책에서 계속적으로 새로운 것을 습득할 수 있다. 아이들은 읽을 때마다 새로운 것을 발견하기 때문에 같은 내용을 여러 번 읽어도 처음 읽는 것처럼 흥미 있어 한다. 또한 낱권으로 책을 사면 새 책을 사는 기쁨을 자주 갖게 되어 책 읽기에 대한 동기를 유발시킬 수 있다.

② 이야기 들려주기

아이들은 한 번 들었던 이야기를 계속 들려 달라고 한다. 늘 새롭게 듣기 때문에 반복해 주어도 괜찮다. 특히 자기 전에 책을 읽어 주는 것은 아이가 정서적인 안정감을 갖게 하는 데 아주 좋다. 부모와 떨어져 자야 하는 상황을 잘 이겨낼 수 있게 해주기 때문이다. 대부분 동생이 태어나면 큰 아이에게 책 읽어 주는 행동을 그만 두는데 이것은 좋지 않다. 책을 읽어 줌으로써 동생에게 뺏긴 부모의 사랑을 확인할 수 있어 큰아이에게 무척 도움이 된다. 매일 밤 읽어 주기가 힘들면 일주일에 두세 번 정도라도 꼭 읽어 주는 것이 좋다.

③ 전래동화보다 창작동화가 좋다

엄마들이 아이를 위해 전래동화나 명작동화 세트를 구입하는 경우가 많다. 아이 있는 집에 '세트' 하나 없는 집이 없다고 할 정도로 이 분야에 대한 엄마들의 선호도는 높다. 오래전부터 전해 내려오는 이야기, 세계적 고전을 아이에게 읽히고 싶다는 생각이 있고, 또 이러한 책이 '좋은 책'이라는 인식 때문인 것 같다.

물론 괜찮은 전래동화와 명작들이 많이 있다. 그러나 개중에는 아이들에게 읽어 주기에 적합하지 않은 내용들이 있다는 점을 기억해야 한다. 글이란 그 당시 시대 배경과 밀접한 것이기 때문에 전래동화나 명작동화 중에는 요즘의 시대와 맞지 않은 배경과 철학을 가진 것들이 있다. 예컨대 여성이 지나치게 수동적이고 자기희생적이거나 백마 탄 남성을 만나 인생이 확 변하는 모습을 담은 이야기들은 현대의 여자 어린이들에게 바람직한 내용이라 할 수 없다.

그래서 무조건적으로 전래동화와 명작동화를 구입하는 것보다는 요즘에 출간된 창작동화를 한 권씩 사서 읽어 주는 것을 권한다. 국내 동화도 좋고 외국 번역본도 좋다. 아이들의 상상력과 창의성을 자극하면서 이야기가 재미있고 바람직한 교훈을 담고 있는 책을 선택해 보라. 또한 권선징악 내용만 읽어 주는 것은 아이의 흥미를 감소시키므로 주의해야 한다.

아이가 처음 만나는 그림책

아이들은 세 살이 되면 언어 능력과 상상력, 호기심이 크게 발달한다. 이러한 시기에 뛰어난 언어(문학)와 그림(미술)으로 이루어진 그림책 세계를 마음껏 즐긴다는 것은 독서생활의 기초를 형성하는 중요한 체험이 된다. 그림책은 엄마, 아빠 그리고 아이가 함께 즐길 수 있다는 생각으로 접근해야 한다. 좋은 그림책을 정기적으로 그리고 자주 읽어 주는 것이 좋다. 유아기에는 새로운 사실을 인식하기 위해서 여러 차례의 똑같은 자극이 필요하다. 처음에는 호기심을 자극하고, 두 번째부터는 본 걸 기억하여 유추할 수 있도록 한다. 실제로 아이들은 지겨울 만큼 말이나 행동을 계속 반복해 달라고 조른다. 이때 중요한 것은 '인내'를 가지고 아이가 원하는 것을 꾸준히 해주어야 한다는 것이다.

④ 좋은 그림책 고르는 법

첫째, 아이들의 눈높이를 맞춘 그림책이 좋은 책이다. 좋은 그림 한 장은 열 페이지의 글을 대신한다고 할 수 있다. 따라서 좋은 그림책은 글을 다 읽지 않아도 그림만으로도 충분한 메시지를 전달할 수 있어야 한다. 아이들은 자라면서 흥미와 요구가 바뀌기 때문에 아이들이 평소 보고 싶고, 듣고 싶고, 체험하고 싶다고 느끼는 것들을 제시해 주는 그림책이라면 좋은 책이라고 할 수 있다. 자신을 주인공으로 대입시켜 볼 수 있는 눈높이에 맞춘 내용이라면 더욱 좋다.

둘째, 문학적인 가치가 있는 그림책이 좋은 책이라고 할 수 있다. 이야기가 생동감 있게 구성된 것이면 좋다. 또 기억할 만한 주인공이나 등장인물이 있는 것, 독특하면서도 이해하기 쉬운 글로 묘사된 것이 좋다. 그냥 호기심만 자극하는 것이 아니라 인생의 감동이 있는 이야기라면 두고두고 뇌리 속에 남아서 아이의 인생에 나침반과 같은 역할을 할 것이기 때문이다.

셋째, 심미적인 가치가 있는 그림책이 좋다. 독창적인 화가의 표현이 담겨 있으면서도 전체적인 내용과 조화를 이루는 그림을 다양하게 배치하여 디자인된 그림책이 좋다.

어릴 때 좋은 그림책을 많이 본 아이일수록 미적 감각이 뛰어나다고 한다. 좋은 그림이란 사실화건 추상화이건 색과 선이 조잡하지 않은 것을 말하는 것으로, 특히 유아기에는 세밀화에 가까운 사실화가 효과적이다.

⑤ 부모와 아이가 함께 즐기는 그림책

부모의 목소리는 아이들의 귀를 통해 아이들의 내면세계로 들어가 그림책의 즐거움과 행복을 경험하게 만든다. 그림책을 읽어 줄 때 책의 내용이나 그림도 중요하지만 부모와 아이가 감정의 교류를 함께 하는 시간이라는 것이 무엇보다도 중요하다. 아이 때부터 책을 읽어 주면 아이들의 어휘력 향상과 지능 형성에 도움을 줄 뿐만 아니라, 부모로부터 사랑을 받고 있다는 느낌을 받게 만든다. 또한 아이들의 인격 형성에 도움을 주고 나아가 아이들의 인생을 보다 풍부하게 해줄 것이다. 특히 돌 전후의 아이에게는 장난감 요소가 많은 책이 좋다. 이 시기의 그림책은 아직 책이 아니라 장난감의 일종에 지나지 않게 인지한다. 따라서 책에 그려져 있는 것보다 여러 가지 실물을 접하게 하는 것이 중요하다.

⑥ 좋은 그림책을 보여 주는 세 가지 조건

1. 물건을 묘사한 그림책이 좋다: 아이들은 자신이 본 실물과 그림책의 그림을 연결시켜 '아, 이것이구나.' 하고 재인식하게 된다. 그러므로 이 시기의 그림책은 아이들의 신변에 있는 것과 늘 관련이 되는 것을 내용으로 보여 주면 좋다.

2. 사실적인 그림이 좋다: 아이들은 밝은 색에 흥미를 보인다. 옷, 장난감 등 유아용품은 밝은 색을 골라 주는 게 좋다. 집안도 밝은 색으로 단장하고 부모의 옷도 파스텔 톤의 밝은 색이 좋다. 또 긍정적인 단어를 골라 사용한다. 책을 고르는 것도 마찬가지이다. 아이들은 그림과 실물을 연결시켜 보기 때문에 자연주의적이며 사실적인 그림, 즉 실물을 그대로 그린 것이 좋다. 화려한 사실적 컬러 사진이 좋다.

3. 즐거움을 맛보게 한다: 이 시기는 혼자서 그림책을 보거나 어른이 보여 주게 되는데, 아이를 마치 테스트하는 듯이 질문을 추궁하거나 이해 못한다고 짜증을 내면 절대 안 된다. '그림책은 즐겁다.'는 경험을 갖게 하는 것이 무엇보다 중요하다.

(2) 직선과 사선을 구분하는 문자 학습 시기

아이의 문자 학습 시기는 학자들마다 다소 차이가 있지만 공통된 의견은 아이의 발달 단계에 맞추어야 한다는 것이다. 특히 문자 학습을 위한 기본적인 변별 능력은 직선과 사선의 차이를 인식할 수 있는 것에서 출발한다. 한글의 형태를 보면 'ㅅ'이나 'ㅈ'과 같이 사선이 많이 들어가 있는데 이 사선에 대한 인식 능력이 있어야 문자 학습을 시킬 수 있는 것이다.

우리 아이가 직선과 사선을 변별할 수 있는 능력을 가지고 있는가 알아보기 위해서는 마름모꼴을 그려보는 방법을 사용해 볼 수 있다. 종이 위에 엄마가 마름모꼴을 그려 놓고 아이에게 똑같이 그려보라고 한다. 아이의 그림이 마름모보다는 사각형에 가까운 형태로 그려졌다면 아직은 아이에게 문자 학습 능력이 준비되어 있지 않다는 것을 의미한다.

(3) 독서 습관이 필요한 초등 저학년

아이가 초등학교 1학년 때부터 책 읽는 습관이 들지 않으면 학년이 올라갈수록 부모는 아이에게 계속 "책 읽어라.", "공부해라." 하는 주문을 해야 한다. '아이가 좋아서 스스로 책을 읽게 할 수는 없을까?'를 고민하는 부모를 위해서 가정에서 지도할 수 있는 방법으로 수준에 맞는 책 고르는 법, 좋은 책 고르는 법 등 다양한 독서 지도법이 있다.

그 중에서 책에서 즐거움을 찾으려는 초등 저학년에 맞는 책을 고르는 요령으로 네 가지가 있다.

첫째, 풍성한 이야기가 있어야 한다. 줄거리 전개가 다채로워야 하고 결말에 의외성이 따르면 재미가 더해진다.

둘째, 등장인물에 개성이 있어야 한다. 명작동화의 매력적인 주인공 치고 강한 개성의 소유자가 아닌 경우는 거의 없다.

셋째, 유머가 있어야 하고, 행동적인 에피소드가 많아야 한다. 생활하는 주변에서 흔히 일어날 만한 사건에 초점을 맞추고 새로운 의미 부여를 시도한 것이 특히 재미있다.

넷째, 리드미컬한 문장 구성이어야 한다. 어린이들은 짤막하고 율동적인 글을 좋아한다. 이것은 특히 유년 동화에 있어서는 빠뜨릴 수 없는 요건이다.

자, 위의 요령으로 책을 골랐다고 가정했을 때 책은 어떤 방법으로 읽어야 할지 고민해 보자. 이 시기에 형성된 책 읽는 습관은 성장하면서 굳어지게 됨으로 부모의 지도가 꼭 필요하다.

첫째, 욕심 부리지 말고 날마다 조금씩 읽게 한다. 독서를 소나기가 아닌 보슬비처럼 하게 한다. 시, 동화, 세계 명작, 위인전, 과학 이야기, 역사 이야기, 예술 이야기, 종교 이야기 등을 골고루 읽게 한다. 옳고 그름을 가려가며 읽게 한다.

둘째, 참된 삶의 가치를 알고, 옳고 그름을 제대로 판단할 수 있게 한다. 자신의 생활과 관계를 지으면서 읽게 한다. 자신이 주인공이 된 입장에서 읽으면 더욱 흥미롭고 능률적인 독서가 된다. 또 책에 나오는 장면들을 나의 생활과 비교하면서 읽으면 다양한 사고력을 기를 수 있다.

셋째, 책을 읽는 도중 중요한 대목이나 구절을 기록하고 한 권의 책을 다 읽으면 간단히 독서 카드를 쓰도록 버릇을 들인다. 간단하게라도 기록을 함으로써 다시 한 번 읽은 내용을 돌이켜 맛보는 결과가 된다.

넷째, 읽은 책에 대하여 이야기하는 습관을 기른다. 읽은 책의 내용을 혼자 머릿속으로만 기억해 두는 것보다 남에게 이야기로 들려줌으로써 저절로 말하기 훈련이 되며, 읽은 내용을 명료하게 기억하게 된다.

다섯째, 비판하며 읽게 한다. 책에 있는 내용이라고 해서 무조건 옳은 것은 아니다. 특히 좋지 않은 책도 많고 책을 쓴 사람이 항상 모든 면에서 옳다고 볼 수는 없다. 그러므로 책을 읽을 때는 그 얘기가 옳은 것인가를 생각하며 읽도록 지도한다.

Tip 독서에 필요한 습관

▶ 책을 읽기 전에
1. 어떤 종류의 글인가를 살펴보자.
2. 작가 또는 지은이는 누구인가를 알아보자.
3. 책을 읽게 된 동기나 목적은 어디에 있는가 생각해 보자.
4. 제목을 보고, 글의 내용을 추리 상상해 보자.

▶ 책을 읽을 때
1. 이해의 원리(사실적 사고력, 추리 상상적 사고력, 논리적 사고력, 비판적 사고력 등)를 생각하며 읽어 보자.
2. 글의 구조(낱말 〈 어절 〈 어구 〈 문장 〈 문단 〈 단계 〈 글)를 살피며 읽어 보자.
3. 어려운 낱말은 사전에서 뜻을 확인하도록 하자.
4. 글의 줄거리를 정리하며 읽어 보자.
5. 각 문단이나 단계별 소주제문을 찾아 보자.
6. 전체 글의 중심 생각(주제 또는 교훈 등)을 확인하도록 하자.

(4) 표현력이 향상되는 초등 고학년

책을 읽은 아이들끼리 이야기를 나눌 수 있게 되는 시기에 이르면 어른들은 되도록 간섭을 하지 않는 것이 좋다. 자기 힘으로 생각을 정확하게 표현하고 상대방이 이해하도록 연구, 노력하는 경험을 쌓도록 해 준다.

아이들이 흥미를 나타내는 책을 읽어 주면 장차 독서에 관심을 갖도록 하는 데 큰 도움이 된다. 책을 그저 쭉 읽어 내려가는 것이 아니라 아이들의 마음이 되어 읽는 태도가 필요하다.

아이들은 읽어 주는 것을 들으면서 여러 장면을 상상하게 된다. 흥미가 없다 싶으면 읽는 도중에라도 내용에 대한 이야기를 나누고, 질문을 주고받는 식으로 이야기를 발전시키면서 읽어 나가는 것이 좋다.

말의 발달이나 성숙은 자라는 환경에 큰 영향을 받는다. 언어능력 계발에 있어서 좋은 환경이란 다름 아닌 대화를 많이 하는 가정이라고 할 수 있다.

부모나 가족들이 일상생활에서 아이들에게 자꾸 말을 걸고 많이 들려 주는 것이 언어능력을 높이는 가장 효과적인 방법이다. 언제나 서슴없이 이야기를 나눌 수 있는 분위기를 만들어 주고, 아무리 하찮은 일이라도 진지하게 들어 주어야 한다.

이때 독서의 경험이 있다면 자연스럽게 대화와 토론으로 이끌어 준다. 모든 것이 교육이라는 느낌을 주지 않아야 한다.

이렇게 익숙해진 책을 통해서 새로운 경험을 하게 되면, 아이들의 머릿속에는 놀라움과 강렬한 인상, 잊을 수 없는 상황들로 꽉 차게 되고, 그것을 누군가에게 이야기하고 싶어 견딜 수 없게 된다. 이럴 때일수록 아이들의 이야기를 주의 깊게 들어 주어야 한다. 그러면 아이들은 신이 나서 경험을 이야기하고, 이야기하는 즐거움을 맛보며 만족해한다. 그러한 체험을 되풀이하게 되면 차츰 멋있는 표현, 적절한 어귀 사용, 깊은 생각 등을 익히게 된다.

밭이 있어도 갈지 않으면 곳간이 비고, 책이 있어도 읽지 않으면 마음이 가난하다.
- 스미드

전설을 역사로 바꾼 한 권의 책

소년 슐리만은 가난한 집에서 태어났다. 그는 어느 크리스마스에 아버지에게 받은 〈어린이를 위한 역사 이야기〉라는 한 권의 책으로 역사를 바꾼 위대한 사학자가 되었다.

호메로스가 쓴 '트로이 전쟁'에 관한 이야기가 실린 그 책에는 이런 내용이 있었다.

어느 날 그리스의 올림포스 산에서 미인 경연 대회가 열렸다. 참가자들은 모두 여신이었다. 트로이 왕자 파리스가 심사를 맡았다. 트로이는 소아시아의 서북쪽에 자리 잡은 나라로서 에게 문명의 중심지 가운데 하나였다. 트로이 왕자는 비너스를 최고의 미인으로 뽑았다. 이에 비너스는 보답으로 스파르타 왕비 헬레네를 선물로 주었다. 그러나 헬레네는 스파르타의 왕비였고, 마침내 전쟁이 일어나게 되었다.

스파르타 왕은 트로이 성을 공격하였다. 하지만 트로이 성은 쉽게 정복되지 않았다. 그러다가 스파르타는 그 유명한 목마 작전으로 트로이를 불바다로 만들었다. 그 후 왕자 파리스는 죽고, 헬레네는 비참한 일생을 보냈다는 이야기였다.

이 이야기를 읽은 슐리만은 호기심이 생겼다.

'어딘가 멸망해 버린 트로이의 모습이 남아 있을 것이다.'

많은 사람들이 전설로만 받아들이고 신들의 이야기로만 생각하였지만 그는 그 책을 읽고 이렇게 확신을 하게 되었다.

그가 서른여섯이 되던 어느 날 그는 갑자기 사업을 그만두었다. 어린 시절 읽었던 한 권의 책에서 얻은 호기심을 떨칠 수 없었기 때문이었다. 그는 항상 꿈만 꿔오던 트로이를 발굴하기 위해 아내와 함께 히사트리오라는 지방으로 떠났다. 다른 사람들은 모두 그를 정신병자, 돈키호테라고 비웃었다.

처음에는 사람들의 손가락질을 증명이라도 하듯이 아무리 땅을 파고 또 파도 흙과 돌덩이 뿐이었다. 그러나 그는 끝까지 포기할 수가 없었다. 그러길 4년, 마침내 실마리가 되는 유물이 발굴되었다. 조개 무늬 금관이었다. 그때야 사람들은 깜짝 놀랐다. 그리고 점차 트로이의 옛 도시가 오랜 잠에서 깨어 모습을 드러내기 시작했다.

이 모든 것은 결국 어린 시절에 읽은 한 권의 책에서 비롯된 일이었다.

▶▶▶▶

독후 활동과 관련해서 주목해야 할 의견이 한 가지 있다. 일부에서는 '독후 활동이 왜 필요한가?'라며 반발하는 사람들이 있기 때문이다. 아이들이 독서를 하면서 내용의 이해를 하고 사고력과 집중력을 발휘했으면 그것만으로도 독서 활동은 충분하다는 주장이다. 무분별한 독후 활동이 아이들에게 독서를 학습으로 인지시키며 책과 멀어지게 하는 요소로 발전한다는 것이다. 그러나 내용에 대해서 잘못된 이해를 하는 경우가 있으므로 바른 독서를 하도록 이끌어 주는 역할은 반드시 필요하다.

독후 활동에 있어 가장 먼저 생각해야 할 부분은 아이들에게 어떻게, 얼마나 유익함과 즐거움을 줄 수 있느냐이다. 학교에서 이미 독서 교육을 하고 있는 데 가정에서 구체적이고 체계적인 지도를 할 수 있느냐는 효율성을 따져 볼 필요가 있다. 지도하는 사람의 목적에 따라 연령별 수준도 감안해야 한다. 특히 아이에게 특정한 책을 강요하거나 의무적으로 독후감을 발표하게 하지 말고, 자연스럽게 아이와의 대화 시간을 통해 일상생활과 연결시킬 수 있도록 도와주어야 한다.

가족 간의 사랑과 책 읽기의 즐거움을 얻는 데 효과적이고 손쉬운 독후 지도 방법을 배워 보자. 독후 활동을 통해 가족의 대화 시간을 갖게 되면 이야기가 자연스럽게 토론으로 이어질 것이다.

Part 5

아이의 두뇌를 깨우는 부모의 독후 지도법

01 틀에 박힌 독후감을 강요하지 마라

02 수준별 독후 활동 방법
(1) 자유와 관심이 필요한 유아기와 아동기
(2) 바른 독후 활동이 필요한 초등 저학년
(3) 깊은 사고를 하는 초등 고학년

03 실생활에 활용하는 독후 활동
(1) 책 내용 전달하기
(2) 책 내용 표현하기
(3) 가족들과 함께 하는 방법
(4) 견학, 조사 등을 통한 독후 활동

▶ 어린 시절의 독서가 인생에 미치는 영향 [5]

틀에 박힌 독후감을 강요하지 마라

〈마시멜로 이야기〉라는 책에 이런 내용이 있다. 주인공이 3살 무렵에 어떤 실험에 참가했다. 아이들의 욕망과 자제심에 대한 실험이었다. 연구원은 혼자 남겨진 어린아이에게 아이들이 좋아하는 마시멜로 하나를 놓았다. 그리고 15분 후에 다시 돌아왔을 때 앞에 놓인 마시멜로를 먹지 않고 참는다면 상으로 마시멜로 하나를 상으로 더 준다는 조건을 걸었다. 주인공은 마시멜로가 먹고 싶을 때 만지작거리거나 노래를 부르며 방안을 뛰어다니거나 숫자를 헤아리기도 하면서 끝까지 참아서 마침내 두 개의 마시멜로를 챙겼다.

그리고 몇 년이 흐른 뒤에 연구원은 당시 실험에 참여한 아이들을 조사해 봤는데, 그때 15분을 참았던 아이들이 그렇지 못한 아이들보다 학업 성적도 뛰어나고, 친구들과의 관계도 원만하고, 스트레스도 효과적으로 관리한다는 결과가 나왔다는 이야기이다.

이 글은 어릴 때부터 하나의 마시멜로를 더 얻기 위해서 15분을 참아 냈던 주인공이 성공한 인생담을 개인 비서한테 들려주는 이야기 형식으로 이루어져 있다.

이 책을 읽었다는 학생들에게 독서 동기를 물어보면 대개 어른들이 공부하는 데 보탬이 된다며 읽어 보라고 사주었다고 했다. 그 중에 이 책을 읽었다는 고3 학생들에게 '15분을 참아서 한 개의 마시멜로를 더 얻은 이야기'를 통해서 우리가 배워야 할 것이 무엇이냐고 물었던 적이 있다.

많은 학생들이 '목표를 이루기 위해서는 참아야 한다는 것'이라고 대답했다. '눈부신 유혹을 이기면 눈부신 성공을 맞이하리라.'는 부제처럼 결코 틀린 답은 아니다. 그러나 아이들의 사고가 한쪽에만 머물러 있었다. 목표를 이루기 위해서 무엇을 참아야 하는지에 대한 깊은 생각이 부족했다. 재차 무엇을 참아야 하는지 질문했을 때 대부분의 아이들은 '먹고 싶은 욕심'이라고 대답했다. 먹고 싶은 욕심은 인간의 기본적인 것이므로 이것을 비유로 본다면 목표를 이루기 위해서는 본능을 절제할 줄도 알아야 한다. 또 본능을 절제할 수 있는 힘은 확실한 자기 목표가 섰을 때 가능하다는 것도 될 수 있다.

이처럼 어떤 이야기든 딱 하나의 주제로 정리할 수만은 없다. 읽는 사람의 처지에 따라서 얼마든지 새롭게 해석될 수 있어야 하는 것이다. 즉 하나의 단순한 결론이 아니라, 이야기를 통해 다양한 생각을 찾을 수 있어야 한다.

한 권의 책을 읽고 남들이 정리한 대로 주제만 찾아 해석하는 것은 독서 교육의 본래 목적에서 벗어난다. 아이들이 책을 읽고 뭔가를 얻게 하기 위한 방법으로 독후감을 강요하다 보면 더 큰 것을 놓칠 수 있다. 아이들이 책을 읽기는 읽었는데 자신의 것으로 만들지를 못하는 경우가 그렇다. 어른들도 책을 읽고 자신의 것으로 만들기 쉽지 않은데, 아이들에게는 무리일 수밖에 없는 것이다.

어떻게 하든지 독후감을 써야 한다는 강박관념에 빠지게 되면 나중에 해설이나 줄거리 요약을 보고 틀에 박힌 독후감을 쓰는 것에 점점 익숙해진다. 독후감이라는 결과물을 내야 하기 때문에 자신의 것으로 만들 충분한 사색의 시간을 가져볼 엄두를 내지 못하는 것이다.

그렇다고 해서 아예 독후감을 쓰지 않아도 된다는 식으로 방치해야 한다는 것은 아니다. 독후감이나 독서 노트를 만들어 반드시 실천하기는 하되, 너무 강압적으로 하거나 획일적인 주제 정리로 끝내도록 해서는 안 된다는 것이다.

물론 그러기 위해서는 부모가 먼저 아이들이 읽는 책의 내용을 알고 있어야 한다. 그리고 그것을 여러 가지 비유와 상징을 들어가면서 수시로 아이와 함께 대화를 통해 부모가 원하는 것을 아이에게 인식시킬 수 있다. 이러한 방법이 책의 내용을 단순히 정리하는 것보다 더 큰 효과를 얻을 수 있기 때문이다. 그래서 독서 교육에 있어 부모의 역할은 중요한 것이다.

부모는 무조건 책을 사다가 아이에게 주면서 "좋은 책이니까 읽고 느낀 점을 써 봐."라는 식으로 하는 것이 아니라, 어떻게 하면 아이에게 공부에 대한 필요성, 독서의 필요성을 간절하게 느끼게 해줄 수 있을까를 고민해야 한다. 책은 읽는 사람의 처지와 상황에 따라서 각자 받아들이는 것이 다를 수밖에 없다. 따라서 독후감도 읽는 이에 따라 각자 다르게 나타나게 된다. 그런데 아이에게 획일적인 독후감을 강요하면 아무리 좋은 책을 읽었다 하더라도 그 책을 내 것으로 만들지 못하고, 단순히 남들이 정리해 놓은 주제를 기록하는 것으로 그치는, 그야말로 그냥 책을 통해서 새로운 정보 하나를 더 아는 것에 그치고 마는 결과를 가져올 수 있다.

아이에게 독서를 통해 자신의 인생을 찾아갈 수 있도록 하려면 틀에 박힌 독후감을 강요하기보다 아이가 책의 내용을 실생활에 연결시킬 수 있도록 도와주어야 하고, 부모가 먼저 실천하는 자세가 필요하다. 독서 교육의 본래 목적을 챙길 수 있도록 부모부터 최대한 자신의 처지에 맞는 구체적인 상황과 연결하여 독후감을 작성하는 것도 좋은 모범이 된다.

가장 도움이 되는 책이란 많이 생각하게 하는 책이다.

– 파커

수준별 독후 활동 방법

02

(1) 자유와 관심이 필요한 유아기와 아동기

① 쓸데없는 간섭을 삼가라

자유롭게 자라는 어린이에게는 아이들의 생활에 가급적 참견하지 않고 즉각적인 도움을 주지 않는 것이 좋다. 스스로 선택하고 문제를 해결하도록 지켜보는 것이다. 책 읽기가 즐거웠으면 그것으로 독후 활동을 그칠 수도 있는 열린 부모의 자세로 아이를 대하자. 줄거리, 핵심내용, 등장인물을 알아가는 것은 처음부터 잘 될 수 있는 것이 아니다. 부단한 연습과 시행착오를 겪으면서 가능한 것이므로 한 권의 책을 읽었다는 뿌듯함만이라도 알았다면 소기의 목적은 달성된 셈이다. 사실 아이들은 실패를 되풀이하면서 배우고 성장해 나간다.

② 칭찬을 아끼지 마라

칭찬은 누구에게나 자신감을 주고 무언가를 해보겠다는 의욕을 샘솟게 한다. 아이들은 자기가 좋아하는 사람으로부터 칭찬받기를 좋아하며, 칭찬을 받으면 더욱 자신감을 얻는다. 한 권의 책을 읽은 것을 칭찬하면 반드시 칭찬을 받기 위해서 다른 책을 읽으려 할 것이다.

그런 후 책을 읽고 나서 무엇을 느꼈고, 무엇을 알게 되었는지 이야기하도록 분위기를 조성해 주는 것이다. 이때 아이의 새로운 생각이나 독특한 느낌에 대해 아낌없이 칭찬해 주는 것이 중요하다. 더더욱 중요한 것은 부모가 예상한 대답에서 벗어났더라도 즉각적으로 시정해 주기보다 표현한 것에 대해 칭찬해 주는 것이다. 이러한 칭찬을 되풀이하게 되면 아이는 즐겁게 책을 읽은 뒤 자신의 생각을 자신 있게 말할 수 있는 아이로 자라게 된다.

(2) 바른 독후 활동이 필요한 초등 저학년

① 추궁하듯 곧바로 묻지 마라

아이가 책을 읽자마자 "자, 이 이야기의 교훈이 뭘까?" 하거나 "읽은 내용이 무엇이지?" 하고 물어선 안 된다. 아이들의 기억을 확인하려는 행동은 '책 읽기는 이렇게 따분한 거란다.'라고 아이들에게 주입시키는 것과 같다. 대부분의 아이들은 책을 읽었으면 자연스럽게 책의 내용을 흡수하고 이해하게 된다.

② 어른들의 느낌이나 생각을 강요하지 마라

전개될 내용을 미리 설명하거나 혹은 "이건 나쁘고, 저건 좋지?" 하는 식으로 아이에게 어른의 가치관을 강요해서는 안 된다. 책은 도덕 교과서가 아니기 때문이다. 책을 읽는 아이의 생각이나 기분, 느낌을 존중해 주며, 아이가 책이 주는 상상과 감동의 여운을 충분히 즐길 수 있도록 도와주어야 한다.

③ 이야기를 지어내게 하자

책을 다 읽은 후 아이가 이야기를 지어내도록 유도해 보는 것도 좋은 방법이다. 책의 줄거리에서 벗어난다거나 엄마 아빠가 듣기에 얼토당토 않는 이야기일지라도 아이의 말을 무시하거나 "그게 아니잖니? 이렇게 해야지."라는 식의 말은 하지 않아야 한다. 이는 아이의 흥미를 꺾어 버릴 뿐 아니라 독후 활동을 꺼리게 만들 수도 있기 때문이다. 또한 아이의 상상력을 막아 버리는 결과를 초래할 수도 있다. 칭찬으로 자신감을 북돋워야겠다는 생각을 하면서 들어 주어야 한다.

④ 다른 말이나 생각으로 연결되도록 하라

"그리고 또?"라는 말은 다른 말이나 생각으로 연결되도록 도와준다. "그래서 왜?"라는 말은 먼저 일어난 일과 나중에 일어난 일 사이의 결과에 대한 추리가 필요할 때 도움이 되는 말이다. "왜?"라는 질문을 자주 하면서 대답을 이끌어내다 보면 아이가 논리적인 생각을 할 수 있게 도움을 줄 수 있다. 단 강압적이어서는 안 된다. 역효과가 나기 때문이다.

"그러면 어떻게 될까?", "어떻게 해야 할까?" 등의 물음은 다음 상황에 대한 추리력과 문제 해결력을 키운다. 반복적인 훈련은 아이로 하여금 어떤 상황에 대해 회피하거나 두려워하지 않고 적극적으로 해결해 나갈 수 있는 마음을 갖도록 하는 데 도움이 된다.

(3) 깊은 사고를 하는 초등 고학년

고학년의 독후 활동은 제일 먼저 줄거리에 따라 발견된 중심 생각에 대하여 깊이 있게 생각하도록 도와준다. 그리고 중심 생각을 인간 또는 사회에 견주어 볼 때 어떤 영향을 미칠 수 있는지에 대해 생각해 보는 계기가 되어 준다.

책을 읽고 난 후에 독서 토론이나 독서 감상문 쓰기 또는 논술 활동을 하게 하면 좋다. 읽은 책의 내용을 간결하게 기록하는 독서 기록장 쓰기 활동을 하도록 하는 것도 좋은 방법이다.

이 시기는 피아제의 인지발달 이론 중 형식적 조작기(11세~12세)에 해당한다. 논리적 사고는 이때부터 활성화된다고 보고 있다. 너무 어릴 때 논술을 가르치면 아이의 상상력이 제한을 받지만, 이 무렵부터는 추상적인 추론이 가능하고, 가설연역적 추리와 종합적 사고가 가능한 시기다. 독서 감상문을 쓸 때도 줄거리 요약보다는 가장 감명 깊은 부분과 자신의 경험담을 연결시키는 연습을 시키는 것이 좋다.

03 실생활에 활용하는 독후 활동

(1) 책 내용 전달하기

읽은 책의 내용을 다른 사람 앞에서 전달하기는 아이들의 발표력 향상에도 많은 도움을 준다. '가족들에게 이야기 해주기'와 '그림책을 보고 이야기 해보기'가 대표적인 독후 활동이다.

아이가 자신이 읽은 책을 가족들 앞에서 이야기하게 할 때에는 처음에는 쑥스럽지 않게 가족이 한 명씩 돌아가며 자신이 읽은 책의 줄거리, 등장인물의 성격, 일어난 사건 등을 이야기해 주는 것이 좋다. 이야기를 하다 보면 아이는 자신이 읽은 책에 대한 이해와 재미가 더 오랫동안 기억할 수 있게 된다.

또한 그림책의 그림을 보면서 책의 내용에 구애받지 말고 자유롭게 이야기를 하게 하는 것은 아이가 무한한 상상의 세계 속으로 빠져들게 만든다. 글자가 없는 그림책을 이용하면 더욱 효과적이다.

(2) 책 내용 표현하기

기록 및 독서 감상문이나 읽은 책에 대한 글만이 독후 활동은 아니다. 그림을 그려보는 것과 만들기 등도 다양한 독후 활동에 포함된다.

① 그림으로 표현하기

-1컷의 그림으로 표현: 글로 표현하기 힘들어 하는 초등학교 저학년 아이들에게 읽은 책에서 가장 기억에 남는 장면을 골라 그림으로 그려보게 하여 내용에 대한 이해 정도를 파악할 수 있도록 도와준다.

-4컷의 그림으로 표현: 읽은 책의 흐름을 알 수 있게 중요한 장면 4가지를 골라 그려보게 한다. 줄거리 요약에 어려움을 느끼는 아이들에게 효과적이다.

-만화로 표현: 누구나 좋아하는 만화로 자신의 느낌을 기록으로 남기는 방법이다. 글쓰기를 싫어하는 아이들에게 효과적이다.

② 만들어 표현하기

-그림책 만들기: 자신이 좋아하는 동화를 직접 쓰고, 삽화도 그려 넣거나 컴퓨터로 다양하게 편집하여 그림책을 만들어 본다. 글쓰기를 싫어하는 아이의 경우 좋은 문장을 옮겨 적게 하는 것도 글쓰기를 위한 훌륭한 준비 작업이 될 수 있다.

-책받침 만들기: 책 속에 나오는 삽화 중 마음에 드는 그림이나 자신이 표현하고 싶은 그림을 그리고 책 제목, 지은이와 출판사 등을 적고 예쁘게 꾸민 다음 코팅을 해서 자신만의 독특한 책받침을 만들어 활용하게 한다.

-책 광고문 만들기: 신문에 나오는 신간 안내, 책 광고 기사를 참고하

여 친구들에게 권하고 싶은 책들을 책 광고로 표현해 본다.

−독서 세계지도 만들기: 자신이 읽은 책이 어느 나라에서 출판된 내용인가를 세계지도에 표시해 보면, 여러 곳에서 나오는 책을 신경 써서 찾아 읽으려는 필요가 생기게 되어 다양한 도서를 접할 수 있다.

−인물 사전 만들기: 인물의 이야기를 읽을 때마다 태어난 나라, 출생 연월일, 성장 과정, 어린 시절 이야기, 활동 상황, 인류 역사에 미친 영향, 사진 자료 등의 내용을 적어서 자신만의 훌륭한 인물 사전을 만들 수 있다.

−독서 엽서, 연하장 만들기: 글쓰기의 힘이 부족한 아이들에게 효과적인 방법으로 자신이 감명 깊게 읽었던 책의 캐릭터 등을 사용하여 독서 엽서나 연하장, 카드 등을 만들어 친구나 친지에게 보내는 방법이다. 편지나 카드를 보내는 일이 별로 없는 요즘의 아이들에게 메일을 주고받는 것과는 다르게 또 다른 기쁨을 나눌 수 있다.

(3) 가족들과 함께 하는 방법

가족들과 함께 할 수 있는 독후 활동도 있다. 이 방법은 온 가족이 책을 함께 읽어야 한다는 전제가 있어야 한다. 이런 활동은 가족 간의 유대감을 증진하는 데 확실한 효과가 있다. 한 번만 하고 끝내는 것이 아니라 지속적으로 했을 때 습관이 들면서 학습 효과도 높일 수 있는 좋은 방법이다.

① 퀴즈 놀이하기

과학, 환경, 인물, 역사 등의 책을 읽은 다음은 감상문을 쓰는 것보다는 재미있는 퀴즈 문제를 만들어서 퀴즈 놀이를 해보는 것도 신나는 일이다. 퀴즈 문제를 만들려면 책의 내용을 잘 이해해야 하므로 어린이들이 직접 퀴즈 문제를 만들어 본다.

② 책 돌려 읽기

자신이 가장 감명 깊게 읽은 책을 아이에게 권한다. 책의 속지나 메모지에 이 책을 권하는 이유 등을 직접 적어서 가족 간에 돌려가면서 읽기를 유도하면 자연스럽게 일주일에 한 권의 책을 읽게 되는 습관이 형성된다. 그 책을 읽은 가족 간에 자연스러운 토론도 이루어질 수 있다.

③ 가족 간에 토론하기

자신의 느낌을 여러 사람들에게 전달하고 토론하는 가운데 그 내용에 대한 의미를 더 깊고 넓게 생각할 수 있고, 미처 생각하지 못했던 부분들도 상대방의 의견을 통해서 들을 수 있어 생각의 폭을 넓고 깊게 할 수 있다.

(4) 견학, 조사 등을 통한 독후 활동

아이가 집에서 책을 읽으며 얌전히 놀면, "밖에 나가 위험하게 놀지 않아 다행이다."며 좋아하는 부모가 분명 있을 것이다. 그러나 이는 대단히 걱정스러운 생각이다. 어린 나이에는 놀이터나 공원 등 밖에서 자연과 친해지고, 놀이와 운동으로 몸을 단련하고, 또래들과 어울리면서 사회성과 협동심을 키우는 것이 백 배 낫다. 여기에 가족과 함께 읽은 책에 등장하는 장소 등에서 견학과 조사 활동 등을 하는 것은 일석이조의 효과를 낼 수 있는 좋은 독후 활동 방법이다.

① 견학, 감상하기

공공 도서관, 어린이 전문 서점, 우리 동네 책방 등을 견학하거나 역사, 문화 유적지, 음악, 미술에 관한 책을 읽고 난 다음에 직접 박물관이나 미술관, 공연장 등을 견학 가서 감상하기, 또는 책으로 읽은 내용과 관련된 비디오나 영화를 보는 것도 독서 동기 유발에 많은 도움이 된다.

② 조사 연구하기

환경, 과학, 인물, 역사에 관련된 내용의 책을 읽고 난 다음 그 내용과 관련된 주제의 심화 학습으로 다양한 참고 자료를 통해 깊이 있는 조사, 연구를 할 수 있다. 도서관, 인터넷 사이트를 통해 그 내용을 알아가는 과정이나 조사, 연구하는 과정을 통하여 정보를 습득하고 재가공하여 자신의 것으로 만드는 정보 활용 교육으로 이어질 수 있다.

> 내가 인생을 알게 된 것은 사람이 아니라 책과 만났기 때문이다.
>
> – 프랑스

인쇄소 견습공에서 미국 독립의 선구자가 되기까지

벤저민 프랭클린은 정치가로서 미국 독립전쟁 때 프랑스의 원조를 얻어내는 데 기여했고, 미국의 대표로 참석하여 영국으로부터 13개의 식민지를 하나의 주권 국가로 승인하는 조약을 맺었다. 또한 그는 토머스 제퍼슨과 더불어 독립 선언문을 작성해서 미국 독립에 큰 활약을 한 인물이다. 뿐만 아니라 그는 피뢰침을 발명해서 오늘날 전 세계인에게 큰 영향력을 끼친 과학자이기도 하다.

그는 양초를 만드는 집안의 15번째 아들로 태어났다. 10살 때 집안 형편이 어려워져 학교를 그만두고 형의 인쇄소에서 일을 해야 했다. 그때 그는 시간만 나면 틈틈이 책을 읽었다. 책 읽을 시간을 벌기 위해서 남들이 점심을 먹으러 간 사이에 인쇄소에 혼자 남아서 빵 한 조각이나 과일, 또는 한 잔의 물로 배를 채우며 시간을 아껴서 독서를 한 것이다.

후일에 그는 자서전에서 그때 독서 습관이 자신의 운명을 바꾸었다고 밝히고 있다. 즉 점심시간에 음식을 적게 먹은 것은 오히려 두뇌와 정신을 더 맑게 해주었고, 그때 읽은 책들은 자신의 인생에 큰 영향을 끼쳤다는 것이다.

프랭클린은 1732년에 리처드 선더스라는 이름으로 달력을 발간했다. 이 달력은 날짜나 기념일만이 아니라 '부자가 되는 법', '건강하게 오래 사는 법', '성공의 비결', '선행의 가치', '행복에 이르는 길' 등이 적혀 있었다. 책을 접하기가 쉽지 않았던 당시 사람들에게 아주 유용한 교훈을 주는 달력이었다. '가난한 리처드의 달력'은 이렇게 세상에 가치를 드러냈다.

이때 어떤 사람이 이 책을 사려고 프랭클린을 찾아왔다. 그는 가격을 물어보더니 비싸다며 좀 깎아 달라고 했다. 그러나 프랭클린은 오히려 가격을 더 비싸게 불렀다. 이 사람이 화가 나서 깎아 달라는데 왜 더 비싸게 부르냐고 하니까 프랭클린은 귀중한 시간을 이런 식으로 낭비를 했으니까 그 시간에 대한 값이 붙은 것이라고 했다고 한다.

인간은 본능적으로 음식을 먹게 되어 있다. 그러나 먹는 방법에 따라 소화가 잘 되고 안 되고, 또는 맛이 있다 없다가 결정되며, 먹고 난 후 또다시 먹고 싶어지는 음식이 있다. 그 이유는 사람마다 입맛이 다르고 각기 소화능력이 다르기 때문이다. 독서도 마찬가지로 각기 다른 이유에 따라서 효과가 달라진다.

한 권의 책이 마음의 양식으로 오래도록 인간의 정신을 살찌워온 것은 불변의 진리이다. 책이 아이들에게 주는 최고의 가치는 '즐거움'이다. 책을 지나치게 학습의 목적으로 활용하면 아이들이 오히려 책을 싫어하게 되거나 책의 소중한 가치를 느끼지 못하게 된다.

아이가 독서를 생활화하는 것은 결코 쉬운 일이 아니다. 독서 습관은 어디까지나 꾸준한 노력으로 얻어지는 것이며, 강요가 아닌 자율에 의해서 가능한 것이다. 요즘처럼 성적을 높이기 위한 수단으로 책 읽기를 강요당하는 아이들에게 독서는 즐거움이라기보다는 고역이라 할 수 있다. 따라서 앞으로 부모가 해야 할 일은 아이들에게 쉽고 재미있는 책을 읽도록 하면서 진정한 감동과 즐거움을 얻을 수 있도록 도와주는 일이다.

그러기 위해서는 우리 아이에게 어떤 문제가 있는지 진단해 보고 해결책을 찾아야 한다.

Part 6

내 아이 독서 성향에 따른 문제 해결법

01 독서 교육의 본래 목적을 잊지 마라

02 독서 문제아 유형별 대처법
(1) 책을 무조건 싫어하는 아이
(2) 책의 내용이 전부인 것처럼 생각하는 아이
(3) 책을 편식하며 읽는 아이
(4) 다독한 후 독서량을 자랑하는 아이
(5) 책을 읽고 감상이나 느낀 점을 말하지 못하는 아이
(6) 책을 끝까지 읽지 못하는 아이
(7) 사건이나 장면을 떠올리지 못하고, 줄거리 정리를 못하는 아이
(8) 그 밖의 경우

▶ 어린 시절의 독서가 인생에 미치는 영향 [6]

독서 교육의 본래 목적을 잊지 마라

요즘 난독증에 대한 연구가 많이 이뤄지고 있다. 난독증이란 단어를 정확하게 읽지 못하거나 철자를 인지하지 못하는 것에서부터 글자는 읽는다 하더라도 글의 내용을 전혀 기억하지 못하는 증세를 말하는 것으로 학습 장애의 일종이다. 대개 미취학 시기부터 단어를 이해하는데 어려움을 겪거나, 발음을 자주 틀리게 하거나, 말을 더듬는 등의 증상으로 나타난다.

어려서부터 난독증 때문에 학교에 적응하기 힘들어 했다는 에디슨과 아인슈타인이 우리나라에 태어났다면 문제아로 전락할 수 있었다는 말은 더 이상 우리 교육 현실을 한탄하는 자조적인 말로 그쳐서는 안 된다. 그 대안을 제시하는 사례가 되어야 한다. 그 중에서도 우리가 전혀 짚어 보지 못했던 난독증 문제를 심각하게 받아들이는 계기가 되어야 한다.

우리의 교육 현실은 입학하면 아이들에게 공개적으로 책을 읽히는 것으로 시작한다. 그러다 보니 유창하게 읽을 줄 아는 아이들은 큰 문제가 없지만, 제대로 읽지 못하는 아이들은 문제가 있는 아이로 분류된다. 이런 경우 부모가 교육에 관심을 기울이지 않아 제대로 배우지 못한 경우도 있지만, 반대로 부모가 너무 열성적이어서 너무 어려서부터 글 읽기를 강요하다가 글 읽기에 대한 안 좋은 기억을 심어줘 후천성 난독증을 불러일으킨 경우도 있다. 또한 에디슨이나 아인슈타인처럼 선천적으로 난독증이 있어서 글 읽기에 상당히 어려움을 겪는 아이들도 있다.

지금까지 우리 교육은 모든 아이들에게 노력이 부족하니까 열심히 해야 한다고 강조하는 식으로 이루어져 왔다. 세상에는 노력만으로 안 되는 것이 있다는 것을 알아야 한다. 사람은 자신의 능력 이상의 것을 요구 받으면 처음에는 '안 되는 걸 어떻게 하지?'라는 마음과 함께 자책감, 또는 어떻게 해야 할지 몰라 쩔쩔 매는 마음이 먼저 생긴다. 그러다가 이런 경험이 누적되다 보면 '안 되는 걸 어쩌란 말이야?'라는 반감과 함께 자포자기하는 마음이 생기는데, 이때도 반복되는 능력 이상의 요구를 받게 되면 괜히 그 사람을 보기만 해도 미워지거나 심지어 극한 적대감까지 생길 수 있다. 난독증이 있는 아이들에게 글 읽는 것은 노력만으로 극복할 수 없는 고통이다. 이런 아이들에게 글 읽기에 대한 노력을 강조하는 것은 글 읽기를 포기하게 만들거나, 정도가 심하면 부모와 선생님에 대한 반감이나 적대감을 불러일으키는 위험한 일일 수 있다.

한때 SBS에서 방영한 드라마 '주군의 태양'을 통해 주인공역을 맡은 소지섭이 난독증 연기를 선보였다. 소지섭은 어릴 때 범인들에게 납치된 상황에서 공포스러운 내용의 책을 억지로 읽어야 했던 안 좋은 기억이 트라우마로 자리 잡아 난독증에 걸린 것으로 그려졌다. 비록 드라마지만 〈난독증의 올바른 이해와 극복〉이라는 책을 보면 전혀 근거 없는 이야기가 아니다. 이 책은 저자인 미국의 심리학 교수 로버트 프랭크가 어려서부터 난독증이었던 자신의 경험담을 바탕으로 이루어져 있다. 난독증은 ADHD(주의력결핍 과잉행동장애)와 비슷한 증상을 보인다. ADHD

와 난독증 증상 중에 일반적으로 ADHD가 먼저 발견되는데, 이것은 난독증에 걸린 아이가 공부에 흥미를 붙이지 못해 집중력 결핍으로 나타나는 경우가 많기 때문이다. 내 아이가 ADHD 증상을 보인다면 한 번쯤 난독증 테스트를 받아 볼 필요가 있다.

〈부모가 쉽게 발견할 수 있는 난독증의 징후〉
– 단어를 인지하거나 정확한 낱말을 쓰는 데 문제가 있다.
– 글자를 거꾸로 쓰거나, 바로 알려 준 것을 금방 까먹는다.
– 말로 지시한 것을 잘 이해하지 못한다.
– 글씨체가 안 좋거나 이름을 기억하는 데 어려움이 있다.
– 학교 숙제를 마치는 것이 유독 더디거나 독해력이 부족하다.

아이에게 이와 같은 증상이 있다면 난독증을 의심할 필요가 있다. 여기에서 중요한 것은 난독증을 치료해 주는 방법이다. 이 책에서 저자는 자신의 부모가 세심한 배려를 해줘서 난독증을 극복하고 교수까지 된 사례를 소개하고 있다. 난독증은 책 읽기에 어려움을 겪는 증세이기 때문에 부모의 세심한 배려가 뒷받침된다면 얼마든지 극복할 수 있다는 것이다.

이쯤에서 우리는 다시 한 번 독서 교육의 본래 목적을 되새겨 보아야 한다. 어릴 때 부모가 억지로 독서를 강요하게 되면 아이는 자신도 모르게 글자에 대한 두려움에 빠지게 되거나 글자 자체를 두려워해서 난독증에 걸릴 확률이 높아진다는 것이다.

독서의 목적은 단순히 지식을 습득하는 것이 아니다. 단순히 지식을 습득하는 것이 목적이라면 굳이 독서를 하지 않아도 큰 문제가 없다. 노트북 하나만 갖고 다녀도 얼마든지 필요한 지식을 꺼내 쓸 수 있기 때문이다. 그렇다면 독서의 본래 목적은 무엇일까? 바로 독서를 통해 지식과 지혜를 터득한 훌륭한 사회인이 되는 것이다.

우리는 매 순간 독서 교육의 본래 목적을 염두에 둘 필요가 있다. 눈앞의 자식이 내 뜻대로 말없이 따라 주는 것이 좋을지는 모르지만, 그것이 억지로 이루어지는 것이라면 오히려 아이의 인생을 망칠 수 있다는 것을 알아야 한다.

책에는 훌륭한 사람들의 생각과 인생의 가르침이 들어 있고, 또 여러 사람들의 사는 모습이 담겨 있기 때문이다. 책 속에는 우리가 어떻게 살아야 하고, 세상에는 어떤 일이 벌어지며, 인생이란 무엇인가에 대한 해답이 담겨져 있다.

그래서 어려서부터 책을 가까이 하는 습관을 몸에 익혀야 한다고 강조하는 것이다. 그것이 사람이 늙어서 죽을 때까지 외롭지 않게 살 수 있는 현명한 방법이다. 책은 우리가 언제든지 이야기를 나눌 수 있는 다정한 친구이기 때문이다. 어린 시절 좋은 책에서 받은 마음의 양식은 일생을 힘차게, 풍요롭게, 아름답게 만든다. 백지에 물감이 물드는 것처럼, 앞으로 자라날 나무가 영양분을 듬뿍 빨아들이는 것처럼 어린 시절에 읽은 책의 영향력은 거의 절대적이라 할 수 있다. 그러나 이미 위에서 강조했듯이 강제적으로 독서를 강요하는 것은 그에 따른 부작용이 있음을 알고, 현재 우리 아이의 상태를 먼저 파악한 후 독서를 할 수 있도록 해야 한다.

목적이 없는 독서는 산책일 뿐 독서가 아니다.

— 리턴

독서 문제아 유형별 대처법

(1) 책을 무조건 싫어하는 아이

대부분의 아이들은 책 읽기를 싫어하고 밖에서 놀기를 더 좋아한다. 아이들이라면 누구나 또래들과 어울리고 몸을 움직이며 활동하는 것을 좋아한다. 밖에서 뛰어 노는 놀이는 신체를 발달시키고, 정신을 건강하게 해준다. 그러므로 밖에서 노는 것만 좋아하고, 책 읽기를 좋아하지 않는다고 해서 심각하게 고민할 필요는 없다. 문제는 밖에 나가서 친구들과 어울려 놀지도 않고, 텔레비전이나 컴퓨터 게임 등에 중독되어 있는 경우이다.

이렇게 텔레비전이나 컴퓨터 앞에서는 오랜 시간 앉아 있기만 한다면 한 번쯤 '비디오 증후군'을 생각해 볼 필요가 있다. 혹시 2살도 되기 전부터 오랜 시간 동안 텔레비전이나 비디오에 노출되어 있었던 것은 아닌지 더욱 신경을 써야 한다.

이런 경우는 집안 분위기를 먼저 바꿔 주어야 한다. 아이가 텔레비전과 컴퓨터 앞에 붙어 있는 시간을 줄여나갈 수 있는 방법을 찾아야 한다. 그렇다고 강제로 환경을 바꾸고 습관을 고치려 들면 오히려 아이의 반발심을 불러일으킬 수 있다. 또 아이가 부모에 대한 욕구불만을 쌓아갈 수 있으니 더욱 세심한 사랑과 관심을 갖고 조금씩 고쳐 나가야 한다.

아이가 텔레비전이나 컴퓨터 앞에만 앉아 있는 이유는 무엇일까? 책도 싫고, 공부도 싫고, 밖에 나가 친구들과 뛰어노는 것도 좋아하지 않는 아이, 이런 아이에게 절대적으로 필요한 것은 사랑과 관심이다. 따라서 아이의 곁으로 먼저 다가서는 노력이 필요하다.

어쩌면 아이에게 필요한 것은 기둥처럼 든든한 엄마, 아빠인지도 모른다. 부모가 먼저 진실한 마음으로 아이와 어울리고 이야기를 나누다 보면 아이는 자연스럽게 부모를 따를 것이다. 그러나 아이와 말문을 트기란 생각처럼 쉽지 않다. 이때 책을 매개로 아이에게 다가서는 것도 좋은 방법이다. 아이가 흥미 있어 하는 책부터 차근차근 함께 읽고 공감대를 넓혀 가는 것이다. 만화책도 좋고, 잡지도 좋다.

만화책을 읽는 것은 독서가 아니라고 생각하는 부모도 많아, 만화책에 대한 거부 반응이 심해 아이가 만화책을 보면 야단을 치기도 한다. 그러나 요즘은 코믹 만화부터 학습만화까지 만화책의 종류가 다양하다. 부모가 먼저 보고 내용이 나쁘지 않으면 흥미 위주로 된 만화책부터 함께 읽는 것도 좋은 방법이다. 부모와 취미생활을 함께하는 아이는 부모가 권하는 다른 책에도 관심을 보일 것이다.

또 만화를 비롯해 도감처럼 그림 위주로 된 책도 자주 읽다 보면 나중에 얼마든지 글로만 된 책에도 관심을 보일 수 있다. 아이가 읽고 싶어 하는 책을 사주는 것이 좋다. 차츰차츰 글로만 된 책을 읽을 수 있도록 재미있거나 아이들이 관심을 가질 만한 다른 책들을 같이 사서 아이의 책꽂이에 꽂아 놓는 것도 좋은 방법이라 할 수 있다.

(2) 책의 내용이 전부인 것처럼 생각하는 아이

아이들이 자신의 주장을 펼 때 논리적인 권위를 대개 '엄마 아빠'나 '선생님'에서 찾는다. 특히 취학 전에는 "우리 아빠가 그러셨는데…….", "우리 엄마가 그러셨는데…….'를 근거로 자기의 주장을 펴는 경우가 많다. 그래도 다른 아이한테 논쟁에서 밀리면 "우리 아빠는 덩치가 얼마나 큰데, 너희 아빠가 우리 아빠 이겨?"라는 식으로 상대를 제압하려고 억지를 부리는 아이도 있다.

그러다가 아이가 학교에 들어가면 "우리 선생님께서 말씀하셨는데…….'가 자기주장의 논리적 근거로 등장하기 시작한다. 선생님을 통해서 뭔가를 배워가는 힘이 크기 때문에 선생님이 절대적인 권위를 가진 것처럼 느끼는 것이다.

그런데 아이들은 책에 빠져들면서 책이 마치 부모나 선생님처럼 권위가 있다고 여기기도 한다. 선생님이 수업시간에 무슨 이야기를 하면 "그거 ○○ 책에 나오는 얘기예요."라면서 이야기의 흐름을 끊어 놓기도 한다. 또 부모나 선생님이 말할 때 책을 들이밀면서 "틀렸어요. 여기에 이렇게 나와 있어요."라고 도전적으로 말대답을 하는 아이들도 있다. 이러한 습관은 앞으로 아이가 책을 읽고 정보를 받아들이는 태도에 지속적으로 영향을 끼칠 수 있다. 책에서 주장하는 바가 자신의 생각인 것처럼 그대로 받아들이기 때문에 생각을 키우는 힘은 약해질 수밖에 없다.

이런 경우에는 아이에게 책은 절대적인 지식과 권위를 갖고 있는 것이 아니라는 점을 일깨워 주어야 한다. 사람마다 의견이 다를 수 있고 책도 여러 가지 의견 가운데 하나로 받아들여야 한다는 점을 차근차근 설명해 주어야 한다. 의견이 다른 책을 직접 보여 주면서 비교하여 설명해 주는 것도 좋은 방법이다.

아이가 책의 내용을 근거 삼아 자신의 주장을 펼치면, 그 순간을 놓치지 말고 "그 책에서는 왜 그렇게 얘기하고 있니?", "네 생각도 같아?", "하지만 이렇게도 생각해 볼 수 있지 않을까?" 같은 질문을 하여 아이가 생각의 폭을 넓힐 수 있도록 도와주는 것이 좋다. 이처럼 아이가 읽은 책의 내용을 토대로 아이와 함께 토론을 충분히 하는 것은 생각하는 힘을 기르는 데 큰 도움이 된다.

그러나 달리 생각해 보면, 책에 나왔던 내용을 기억하고 대화를 하면서 그 내용을 갖고 반론을 할 수 있는 것은 아이가 기억력이 뛰어나고, 책에 대한 애착이 있기에 가능한 것이다. 아이는 아주 큰 잠재력을 갖고 있는 셈이다.

조금만 관심을 갖고 지도한다면 아이는 금세 독서가 다른 사람의 의견을 받아들이는 과정이라는 점을 이해하고 독서를 통해 더 풍부한 세계를 경험할 수 있을 것이다.

(3) 책을 편식하며 읽는 아이

아이가 책상 앞에 앉아서 책만 읽는다고 무조건 좋아할 일은 아니다. 이것은 매우 위험한 독서 습관일 수 있다. 요즘에는 음란물을 비롯한 소설이나 엽기적인 내용을 다룬 자극적인 책들이 너무나도 많기 때문에 세심한 관심이 필요하다. 이러한 책은 마음만 먹으면 쉽게 구할 수도 있다.

만일 아이들이 이런 책을 보도록 내버려 둔다면 텔레비전이나 비디오 등의 영상 음란물이나 폭력물 앞에 아이를 방치해 두는 것과 같은 영향을 가져올 수 있다. 그러므로 부모는 아이들의 독서 경향을 수시로 점검해야 한다. 이때 아이를 심하게 몰아세우면 오히려 역효과가 날 수 있으니까 평소에 아이와 대화를 많이 해야 한다. 그리고 아이가 방문을 닫고 자기 방에서 책을 읽게 하기보다 거실 같은 열린 공간으로 유도하는 것이 좋다. 아이의 눈에 띄는 곳에 좋은 책들을 여러 종류 구비해 놓는 것도 좋은 방법이다.

부모가 세심하게 관심만 가져 주면 아이들도 무엇이 옳고 그른 줄은 알고 있기 때문에 어느 정도 호기심만 채우면 바로 제자리로 돌아오기 마련이다. 그런데 어쩌다 호기심으로 그런 책을 한두 번 펼쳐 봤다고 해서 대단한 잘못이라도 한 것처럼 아이를 다그치면 오히려 반발심만 커질 수 있다는 점을 명심해야 한다.

음란물이나 폭력물이 아니더라도 한 가지 분야의 책만 파고드는 아이들 역시 하나를 알아도 제대로 알아야 한다는 마음으로 흐뭇하게만 여기고 넘어가서는 안 된다.

초등학교 고학년이 되기 이전에는 동화나 소설만 읽으려는 경향이 있다. 소설과 동화는 대부분 상상할 수 있는 여지가 많으며, 서사 구조 속에 재미를 느낄 수 있는 요소가 많기 때문에 쉽게 빠져드는 것이다. 이 시기를 거치면 역사와 인물 등의 이야기에 관심을 갖게 되는데, 이때 한 가지 분야의 책만 읽는 것은 바람직하지 않다.

성장기에는 영양소를 골고루 섭취하기 위해 균형 잡힌 식단이 필요하듯 아이들은 다양한 분야의 책을 읽음으로써 정신적인 양식을 골고루 얻을 수 있다.

아이의 손이 닿는 곳에 여러 분야의 책을 두거나 기념일 같은 때 아이가 읽어 보지 않은 분야의 책을 선물로 주는 방법도 좋다. 책을 좋아하는 아이라면 한 분야의 책만 읽어 왔더라도 언제든지 다른 분야에도 흥미를 가질 수 있다.

(4) 다독한 후 독서량을 자랑하는 아이

과유불급(過猶不及)이라는 말이 있다. 모든 것은 정도가 지나치면 미치지 못함과 다르지 않다는 뜻이다. 여기에서 크게 벗어나지 않는 모습을 아이들의 독서 습관에서도 종종 발견된다.

어릴 때부터 닥치는 대로 책을 너무 많이 읽는 아이들이 오히려 사회적인 문제아로 자랄 수 있는 위험성이 있다. 책을 통해 올바른 사회인의 덕목을 습득하기 전에 사회의 보편적인 도덕과 법률을 파괴하는 방법부터 배울 수 있기 때문이다.

간혹 가다가 아이들 중에는 "나는 하루에 책 몇 권씩은 꼭 읽는다."고 자랑을 하는 경우가 있다. 특히 학교에서도 독서의 중요성을 강요하니까 독서량을 과시하듯이 책을 읽는 아이들도 있다. 이런 아이들은 독서를 심리적인 피난처로 여기는 성향을 보이기도 한다. 어릴 때부터 어른들이 독서를 지나치게 강요하다 보니 자신도 모르게 심리적인 불안감을 책 읽는 양으로 해소하려는 심리가 깔려 있다고 볼 수 있다. 특히 또래가 이해할 수 없는 책을 찾아 읽으며 대화를 할 때 어려운 책의 제목을 인용해 말하며, 능력 이상의 것을 골라 뽐내기를 좋아하는 아이들 중에 이런 경우가 많다.

이러한 독서 습관의 문제는 책에 담긴 내용을 깊이 생각하지 못하고 넘어가기 때문에 읽는 양에 비해 효과를 거두지 못한다. 따라서 아이가 읽는 책에 관심을 기울이고 한 권을 읽더라도 깊이 생각하면서 읽도록 지도해야 한다.

또 끊임없이 관심을 갖고 독서의 본래 목적은 남에게 과시하기 위한 것이 아니라 사회생활을 원만히 하기 위해서라고 일깨워 줄 필요가 있다.

(5) 책을 읽고 감상이나 느낀 점을 말하지 못하는 아이

아이들이 책을 읽고도 감상이나 의견, 느낀 점을 말하지 못한다고 걱정을 하는 부모들이 많다. 그러나 이런 경우의 실상은 아이에게 문제가 있다기보다는 부모의 욕심이 지나친 경우가 더 많다.

'아는 만큼 보인다.'는 말이 있다. 독서도 마찬가지이다. 똑같은 책을 읽어도 아이에 따라 이해도가 다른 것은 이처럼 사전 지식에 따라 차이가 날 수 있는 것이다. 사전 지식을 배경 지식이라고도 하는데, 독서는 사실 이 배경 지식을 축적해 나가는 과정이라고 할 수 있다.

아이의 배경 지식을 생각하지 않고 당장 읽은 책의 감상이나 의견을 말하지 못한다고 걱정부터 앞세울 필요는 없다. 아이들도 분명히 자신의 생각을 갖고 있다. 따라서 어떤 책을 읽어도 자신의 느낌이나 의견을 갖게 마련이다.

어른의 잣대로만 아이를 평가하지 말고, 최대한 아이의 생각을 존중해 주어야 한다. 아이가 자신의 의견을 제대로 표현하지 못한다고 걱정하면 아이는 오히려 그 분위기에 억눌릴 수밖에 없다. 어릴 때부터 책을 읽고 감상이나 의견을 말하도록 강요하고, 더구나 아이의 의견을 존중하기보다는 마음이 앞서 책의 주제를 주입시키는 방식으로 독서 지도를 하는 것은 오히려 나쁜 결과를 초래할 수 있다. 아이들은 책을 읽기도 전에 느낌이나 감상을 말해야 한다는 강박관념에 시달리게 된다. 그 결과 독서 자체를 싫어하게 되거나, 독서를 다 했다 하더라도 책의 내용이 제대로 떠오르지 않을 수 있다. 뿐만 아니라 아무리 봐도 자기는 책의 내용을 이해하지 못하거나 재미를 붙이지 못하겠는데, 남들은 재미있고 쉬운 내용이라고 이야기를 하는 것을 듣게 되면 점점 더 자신감마저 상실하게 되는 것이다.

- 혹시 내가 아이의 말을 그대로 들어 주기보다는 지나치게 가르치려 들지는 않았는가?
- 혹시 아이가 말하는 중간에 내가 자주 끼어들지는 않았는가?
- 혹시 아이가 무슨 말을 하면 논리를 따져 문제점부터 들추어내지는 않았는가?

어려서부터 자기 의사를 제대로 표현하지 못한 아이일수록 점점 말수가 적어지고, 남의 눈치를 살피느라 자기표현을 제대로 못하는 아이로 성장할 수 있다. 어린아이에게 늘 옳은 말만 기대할 수는 없다. 간혹 말도 안 되는 생각을 할 수도 있는 것이 아이들이다. 그때마다 지적을 하거나 바로잡아 주려고 훈계를 하다 보면 아이가 자기 의사를 표현하는 데 주눅이 들게 된다. 논리적으로 말이 되지 않더라도 아이가 자기 의견을 자신 있게 말할 수 있도록 하는 것이 좋다. 그리고 아이가 이야기를 끝마치면 칭찬을 해준다. 아이의 자신감을 높이는 데 큰 효과가 있다. 그런 다음에는 점차 "왜 그렇게 생각했니?"와 같은 질문을 해서 아이의 논리력을 길러 주어야 한다.

즉 어릴 때는 책을 읽은 뒤 자신의 의견을 표현하면 칭찬을 해주고, 아이의 자존감을 건드리지 않으면서 다른 의견도 있을 수 있다는 것을 알려 주어 아이의 지적 영역을 확대시켜 주어야 한다.

또한 책의 주제를 획일적으로 정리해 주어서는 안 된다. 내신이나 논술을 위해서는 반드시 주제를 정리해야 하지 않느냐고 할 수도 있다. 물론 이것도 틀린 말은 아니다. 그러나 내신이나 논술을 위해서도 획일적으로 주제를 정리하는 습관보다는 아이가 자유롭게 자신의 의견이나 감상을 발표하면서 창의력을 높일 수 있도록 습관을 들이는 것이 더욱 현명한 방법이다.

(6) 책을 끝까지 읽지 못하는 아이

많은 사람들이 고전을 이야기할 때 보면 텔레비전이나 매스컴을 통해서 줄거리만 아는 정도이지 그 책을 실제로 읽지는 않은 경우가 많다. 한번 마음을 크게 먹고 원전을 읽으려 하다가도 다 아는 이야기 같아 그냥 책을 덮기도 한다. 고전이 아니더라도 책을 끝까지 읽지 않고 중간쯤에서 그냥 덮어 버리는 어른들도 많다. 이는 어릴 때 독서 습관이 커서도 그대로 이어졌기 때문이다.

아이들은 처음 제목만 읽거나 중간 정도 읽다가 그만두는 아이들이 대다수이다. 한 권의 책을 처음부터 끝까지 한자리에서 읽기란 어린이들의 집중력과 독서 능력으로는 어려운 것도 사실이다. 그렇다고 번번이 중간에서 책 읽기를 그만두는 경우가 많아지면 나중에는 그것이 습관이 되어서 독서 능력을 저하시킨다. 때로는 중간까지만 읽고도 마치 끝까지 다 읽었다는 착각이 들어 나중에도 그 책에는 관심을 보이지 않기도 한다.

책을 읽다가 그만두는 것이 내용이 어렵거나 지루해서가 아니라 습관의 문제라면 좀 더 세밀한 관심을 갖고 지도할 필요가 있다. 모든 습관이 그러하듯이 독서 습관 또한 쉽게 고쳐지지 않기 때문에 커서도 책을 끝까지 읽지 못하는 경우가 많아질 수 있다.

한번 읽기 시작한 책은 끝까지 읽을 수 있도록 옆에서 격려해 주어야 한다. 아이가 책을 끝까지 읽었을 때 성취감을 느낄 수 있도록 충분히 칭찬해 주면 앞으로 책을 끝까지 읽는 데 밑거름이 될 것이다. 전문가들이 추천하는 책이나 도서 안내 자료를 참고하여 아이 스스로 읽고 싶은 책을 선택하게 하는 것도 한 가지 방법이다. 아이는 자신이 고른 책이라는 자부심이 있으므로 책을 끝까지 읽을 것이다.

책을 다 읽었을 때는 반드시 아이에게 줄거리를 확인하고, 특히 결말이 어떻게 됐는지 확인하는 것이 좋다. 그리고 왜 그런 결말이 났는지 생각해 보게 하고, 다른 결말을 만들어 보게 하면서 아이와 이야기를 나누는 것도 좋다. 이야기의 결말 부분으로 흥미를 유도하면서 아이가 다른 책도 끝까지 읽고 싶어 할 것이다.

책을 끝까지 읽을 수 있도록 지도하는 것은 아이의 인내력과 책임감을 위해서도 반드시 필요하다. 늘 중간에서 책 읽기를 포기한다면 실생활에서도 어떤 일에 부딪혔을 때 금방 지치고 짜증내면서 마음을 바꾸기가 쉽다. 책 한 권을 끝까지 읽으면서 아이는 성취의 보람을 느낄 수 있다. 이는 아이가 앞으로 어떤 일을 하더라도 책임감을 갖고 자신의 일을 처리하는 데 도움이 될 것이며, 아이는 만족감과 성취감을 느끼며 성장할 수 있을 것이다.

(7) 사건이나 장면을 떠올리지 못하고, 줄거리 정리를 못하는 아이

책을 읽는 시간은 상상의 나래를 펼 수 있는 시간이다. 따라서 책 읽기는 상상력을 키우는 일이기도 하다. 그러나 글을 글로만 이해하고 책 안에서 일어나는 사건의 장면을 머릿속에 쉽사리 떠올리지 못하는 아이가 있다.

이런 경우는 대개 부모가 읽기 지도를 책상에서만 했을 때 일어난다. 경험이 풍부하지 못하면 다음 내용을 제대로 이어서 상상하지 못하는 것이다. 이런 아이들은 내용을 충분히 머릿속에 그려낼 수 없기 때문에 책에 대한 호기심과 흥미를 잃어버리기 쉽다.

책 읽기는 넓게 보면 사물에 대한 이해와 자기 생활 경험을 바탕으로 책의 내용을 이해하는 것이다. 아이가 충분한 생활 경험을 쌓는 가장 좋은 방법은 여행을 통한 직접 체험이다. 아이들은 엄마 아빠와 여행을 하면서 많은 생각을 하고 깨달음을 얻으며, 설레는 마음으로 다음 여행을 기다린다. 이런 과정이 책의 내용과 그 다음에 올 이야기를 상상할 수 있도록 도와주는 것이다. 아이들과 여행을 많이 하면 독서 교육에도 좋다는 것을 유념해야 한다.

체험을 많이 하는 것이 가장 좋은 방법이지만, 그것이 어려울 때는 '다르게 생각하기, 상상해 보기' 연습을 하는 것도 한 가지 방법이 될 수 있다. 등장인물들의 행동을 미리 추측해 보거나, 책이 끝난 뒤의 이야기를 상상해서 써보는 것이다. 또 이 상황에서 주인공의 표정이 어땠을지 직접 그 표정을 지어 보고 주인공의 행동을 따라 해보는 것도 좋다. 주인공이 사는 집은 어떻게 생겼을지 그려볼 수도 있다. 이러한 활동은 또래 모임에서 독서 활동과 함께 하는 것이 효과적이다. 다른 아이들의 의견을 들어 보면서 자연스럽게 여러 생각을 습득할 수 있기 때문이다.

또한 책을 열심히 보고 책의 내용도 웬만큼 이해한 듯 보이지만, 실제로는 줄거리를 제대로 정리하지 못하는 아이가 있다. 그런데 줄거리나 요점을 정리하지 못한다고 아이를 다그친다면 그야말로 아이가 책과 담을 쌓는 결과를 가져올 수 있다.

어린아이에게 책을 한 번 읽고 줄거리를 술술 말하기를 바라는 것은 욕심이다. 줄거리가 머릿속에 정리되지 않는다면 이해하기 쉽게, 재미있는 그림으로 요약하는 것부터 차근차근 지도하는 것이 좋다.

먼저 가장 인상 깊은 내용이나 가장 재미있었던 장면을 그림 한 장으로 그려보게 하는 것이다. 그 뒤로는 네 칸 만화로 구성해 보도록 한다. 아이들은 대부분 그림 그리기를 재미있어하므로 쉽게 교육 효과를 볼 수 있다. 특히 네 칸 만화를 구성해 보는 것은 앞뒤 상황을 연결해 가며 이야기를 만드는 것으로 기승전결을 가르치는 효과도 있다.

아이를 대하는 부모의 태도 또한 매우 중요한데, 아이가 줄거리를 이야기할 때는 그 내용이 만족스럽지 않더라도 답답하고 속상해하지 말고, 인내심을 가지고 끝까지 잘 들어 주어야 한다. 성급하게 다음 이야기를 재촉하면 말하려는 의지를 꺾는 게 될 수 있다.

잘하든 못하든 인내심을 가지고 기다려 주면 아이는 자신 없어 하면서도 말을 마칠 수 있다. 이때 칭찬하는 것을 잊어서는 안 된다. 그렇게 한 번이라도 끝까지 말을 다 하고 나면 자연스레 말하기에 자신감을 갖게 될 것이다.

아이가 말로 줄거리를 이야기했다면 그것을 글로 옮겨 보게 하는 것도 좋다. 글로 쓰는 것은 입으로 이야기하는 것보다 더 차분하고 신중하게 할 수 있으므로 책의 줄거리를 차근차근 되짚어가며 책의 내용을 곱씹을 수 있는 좋은 계기가 된다. 글을 쓰면서도 글쓰기 자체가 조심스럽고 자신감이 없을 수 있다. 그럴 땐 옆에서 '처음부터 잘 쓰는 사람은 없다, 마음 편안히 갖고 쓰고 싶은 대로 쓰라.'고 격려해 주는 것이 좋다.

(8) 그 밖의 경우

① 글재주는 뛰어난데 주제를 파악하지 못하는 아이

어릴 때부터 틀에 박힌 글쓰기 교육을 받아온 아이, 즉 특정 주제를 갖고 나름대로 맞춤식 논술 교육을 받은 아이들은 글재주는 뛰어나지만 글의 핵심 주제를 잘 파악하지 못하는 경우가 많다. 그래서 문제를 보면 먼저 출제자의 의도를 파악하기보다 단어 몇 개를 보고 순간적으로 머리에 입력된 주제를 떠올려 천편일률적으로 답안을 작성한다.

독서 교육을 할 때 그냥 주제를 요약 정리하는 것보다 토론을 충분히 하면서 자신이 미처 생각하지 못한 부분까지 챙길 수 있도록 연습시켜야 한다. 똑같은 책을 읽고도 아이들의 배경 지식이나 성격에 따라 주제를 받아들이는 데 차이가 있을 수 있기 때문이다. 평소에 아이와 같은 책을 읽은 다음에 토론과 대화를 통해 서로 의견을 교환하고 공통된 주제를 찾아보는 세심한 지도가 필요하다.

② 독서는 좋아하지만 글쓰기는 못하는 아이

어릴 때부터 띄어쓰기, 맞춤법 위주로 글쓰기 교육을 받은 아이들 중에는 실제로 글쓰기를 제대로 하지 못하는 아이들이 의외로 많다. 우리가 학교에 다니던 시절 회화보다는 어려운 문법 위주로 영어를 배우다 보니 질려서 영어 자체에 흥미를 잃어버렸던 것과 같은 이치이다.

어릴 때는 띄어쓰기, 맞춤법이나 문장력에 지나치게 신경 쓸 필요가 없다. 우리가 공부해 온 과정을 돌아봐도 책을 많이 읽고, 글을 많이 써 본 아이들은 학교 교육만으로도 이런 능력들은 충분히 터득했다. 특히 중학교나 고등학교에서 국어 문법을 배우면 맞춤법은 충분히 배울 수 있다.

글쓰기를 지도할 때는 어떤 글을 쓰든지 자신감을 갖게 하는 것이 중요하다. 그리고 아이의 무한한 창의력을 계발시켜 주어야 한다. 일정한 형식에 가두어 글쓰기를 시작하면 아이의 창의력 또한 틀에 갇혀 버리기 쉽다.

책을 읽은 뒤 생각나는 것들과 느낀 점들을 이것저것 적어 보는 연습부터 시작하면 좋다. 그리고 시나브로 생각의 줄기를 잡아 독후감의 형식에 맞게 글을 쓸 수 있도록 지도해야 한다.

그래도 아이가 글쓰기를 두려워한다면 먼저 글로 쓰고 싶은 내용을 말로 표현하게 하는 것도 좋다. 아이가 말을 할 때는 평가하기보다 우선 아이의 말을 잘 들어 주고 칭찬과 격려를 해주는 것이 좋다. 어릴 때는 잘 들어 주기만 해도 아이 스스로 답을 찾아가는 데 도움이 된다.

③ 필요한 곳과 필요하지 않은 곳의 구별을 하지 못할 경우

내용을 요약하는 것은 저학년 어린이들에게 결코 쉬운 일이 아니다. 줄거리를 요약하지 못하는 경우와 마찬가지로 아이들이 이해하기 쉬운 독서 자료, 예를 들면 그림 삽화나 만화 등을 활용하여 문장의 중심을 파악하도록 하는 기초적인 훈련을 꾸준히 실시하여야 한다.

④ 묵독을 제대로 하지 못할 경우

독서를 할 때 소리를 내지 않고는 글을 읽지 못하는 경우가 있다. 아이들은 대체로 초등학교 1학년을 전후하여 묵독 능력을 갖게 된다. 그렇기 때문에 시간이 지나면 자연스럽게 묵독을 할 수 있다.

아이의 능력에 따라, 독서 습관에 따라 조금 늦어질 수도 있는 일이니까 큰 문제로 여기지 말고, 책에 흥미를 읽지 않도록 관심을 두는 것이 좋다.

⑤ 만화책이나 도감 따위의 책에만 관심이 있는 경우

만화책이라고 너무 거부감을 보이지 말고 먼저 독서습관을 들일 수 있는 방법이라면 만화책도 유용하게 활용할 수가 있다. 그리고 도감처럼 그림 위주로 된 책이라도 자주 읽다 보면 나중에 얼마든지 글로만 된 책에도 관심을 보일 수가 있다. 가능한 아이들이 요구한다면 아이가 원하는 책을 그대로 구입해 주는 것이 좋다. 그러면서 점차로 글로만 된 책을 읽을 수 있도록 재미있거나 아이들이 관심을 가질 주제를 다룬 책

들을 같이 구비해서 아이의 책꽂이에 꽂아 놓는 것도 좋은 방법이 될 수
있다.

두 번 읽을 가치가 없는 책은 한 번 읽을 가치도 없다.

— 웨버

2차 대전의 영웅 처칠

"나에게는 피와 수고와 눈물과 땀 이외에는 내놓을 것이 아무것도 없다."
1940년 신임 총리로서 의회에서 행한 최초의 연설로 유명해진 윈스턴 처칠, 그도 어릴 때는 부모 속을 썩이는 말썽쟁이에 불과했다. 그는 자신이 흥미 있는 것만 좋아했고, 무엇보다 책 읽기를 좋아한 것만 빼놓고는 귀족 집안에 천덕꾸러기였다.

처칠의 아버지는 아들의 머리가 좋지 않기 때문에 공부는 일찍 포기하고 군인이 되는 것이 좋겠다고 했다. 처칠은 특히 역사책 읽기를 좋아했다. 그런 덕분인지 군사학교에서는 좋은 성적을 거두기 시작했다. 처칠은 감동적인 연설을 잘했고, 미국의 루스벨트 대통령과 함께 연합군을 지휘하여 제2차 대전을 승리로 이끌어 영웅이 되었다. 그는 틈틈이 책을 읽는 동시에 글을 쓰기도 했다. 그래서 〈제2차 세계대전〉이라는 책으로 1953년에 노벨 문학상을 타기도 했다. 그는 20여 권의 책을 더 남겨서 위대한 정치가이자 문학가로서 이름을 날리고 있다.

제도권 교육에서 강조하는 공부는 못했어도 책 읽기를 좋아했고, 일찌감치 아들의 특성을 살려 준 아버지의 지혜로운 판단이 위대한 인물을 만든 것이라고 볼 수 있다.

▶ ▶ ▶ ▶

독서 · 논술 시대가 열렸다. 논술은 더 이상 대학입시를 위한 하나의 전략이 아니라 모든 교과를 대상으로 하는 하나의 학습 방법이라고 인식하는 것이 옳다. 공부를 잘하는 아이는 '독서와 논술 능력이 뛰어난 아이'라고 정의해도 좋을 만큼 독서 · 논술이 학교 공부에서 차지하는 비중은 매우 커졌다. 독서와 논술을 잘하는 아이로 만드는 궁금증에 대한 해답을 공개한다. 현명한 부모는 아이들 독서 논술 교육을 어떻게 해야 할지 질문과 대답을 통해서 알아 보자.

이 장은 바쁜 세상에서 지름길로 질러갈 수도 있다는 생각으로 마련한 코너이다. 아무리 좋은 교육 취지라 해도 실천에 옮기지 않는다면 하나마나한 교육 방법이라고 할 수 있다. 바쁜 엄마 아빠는 이 장을 먼저 읽고 나서 즉시 행동에 옮기고, 다시 처음부터 차근차근 읽어도 괜찮다.

엄마 아빠의 궁금증 Q&A는 독서논술지도사 과정을 진행하면서 엄마 아빠들이 가장 많이 궁금해 했던 내용들을 선별하여 정리하였다.

Part 7

엄마 아빠의 궁금증 Q&A
– 바쁜 엄마 아빠를 위한 궁금증 해결

Q1 독서 지도가 가장 절실한 아이의 나이는?

Q2 왜 책을 읽어야 하며, 책을 읽으면 어떤 점이 좋은가?

Q3 독서의 본래 목적은 무엇인가?

Q4 어떤 책을 선택해야 할까?

Q5 온가족이 함께 하는 독서 교육 방법은 없을까?

Q6 책 읽는 올바른 방법은?

Q7 올바른 독서 지도를 위해서 부모가 절대로 해서는 안 되는 일은?

Q8 책을 읽을 때 지켜야 할 바른 자세는?

Q9 논술문은 어떻게 평가하며, 잘 쓴 논술문은 어떻게 구분할까?

Q10 스칸디 맘(대디)이 바람직한가, 타이거 맘(대디)이 바람직한가?

Q11 독서가 학습능력을 증진시킨다는 구체적 증거는?

Q12 어떻게 해야 아이의 창의성을 키워줄 수 있을까?

Q13 책 읽기를 싫어하는 아이들이 재미있게 독서할 수 있는 방법은?

Q14 상대의 말뜻을 자의적으로 해석하는 아이, 무엇이 문제인가?

▶ 어린 시절의 독서가 인생에 미치는 영향 [7]

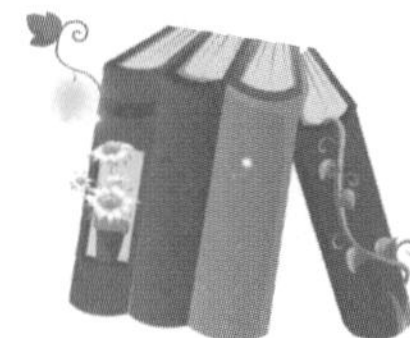

엄마 아빠의 궁금증 Q&A

Q1   엄마 아빠의 독서 지도가 가장 절실한 아이의 나이는?

A1   어려서부터 독서 지도를 하는 게 바람직하지만, 그 시기를 놓쳤다면 아무래도 학업에 대한 부담이 적은 초등학교 때에 하는 것이 좋다. 이 시기는 문자를 깨우쳐서 책을 마음대로 읽을 수 있고, 공부에 대한 부담감도 적어 심리적으로 안정되는 시기이다. 친구들과의 우정 생활도 원활하여 자기중심적 사고에서 벗어나 더 넓은 세상에 대한 호기심이 생기고, 나와 가족 중심의 세계에서 벗어나 역사에 대한 이해가 시작되는 시기이기도 하다.

이 시기에는 이전의 독서 습관과 경험에 따라서 개인적인 독서 취향도 생기는데, 책을 아주 좋아하는 아동도 생겨나고 책과 이미 멀어져 버린 아동들도 나타난다.

Q2 왜 책을 읽어야 하나? 책을 읽으면 어떤 점이 좋은가?

A2 자식에 관계된 이미지 중에 부모들이 가장 좋아하는 것으로는 아마 책을 읽고 있는 자녀의 모습일 것이다. 세상의 거의 모든 부모는 책을 읽고 있는 자식의 모습을 보면 희망적인 생각으로 기분이 좋아진다. 이러한 현상은 독서가 사람에게 주는 영향을 이미 부모가 경험하여 알고 있기 때문이다.

누구나 다 알고 있는 독서의 좋은 점은 크게 두 가지 측면으로 나누어 볼 수 있다. 첫째는 책의 내용이 주는 사상과 철학으로, 이는 독자의 인격을 바르고 풍부하게 해준다. 둘째는 책을 읽는 동안에 길러지는 상상력, 창의력, 추리력, 비판력, 판단력 등의 사고력의 신장으로, 이는 우리가 삶을 살아가는 데 꼭 필요한 기초 기능이 된다.

책을 왜 읽어야 하는지에 대한 일반적인 다양한 의견들을 정리하면 다음과 같다.

1) 책을 통해 바른 인격 형성을 할 수 있다.
2) 책을 읽는다는 것은 정보를 축적하는 일이다.
3) 책은 사고력, 비판력, 창의력, 판단력을 키운다.

Q3 독서의 본래 목적은 무엇인가?

A3 독서의 목적은 단순히 지식을 습득하는 것이 아니다. 요즘에는 지식을 습득하기 위하여 굳이 책을 읽을 필요는 없다. 노트북이나 스마트폰 하나만 있으면 필요한 지식을 언제 어디서든 얼마든지 꺼낼 쓸 수 있기 때문이다.

그렇다면 독서의 본래 목적은 무엇인가? 바로 지식과 지혜를 갖춘 훌륭한 사회인이 되는 것이다. 그런데 요즘은 논술 교육이 중요시되면서 어느 순간 독서가 논술을 위한 수단으로 전락하고 말았다. 아이들은 책 한 권을 읽으면 독후감 숙제를 하기 위해 획일적인 주제를 암기한다. 독서의 본래 목적이 변질되고 있는 것이다.

비록 지금 당장 논술과 독후감에 도움이 되고, 내신에 효과적일지 모르지만, 그로 인해 아이의 사고가 획일화된다면 문제가 된다. 아이를 믿고 한 번쯤 아이가 자유롭게 원하는 대로 해보도록 격려해주는 것이 필요하다.

Q4 어떤 책을 선택해야 할까?

A4 시중에는 출판사들이 장삿속으로 외국 작품을 날림으로 번역해 펴내거나, 능력이 되지 않는 사람들이 펴낸 책들이 많은 것이 사실이다. 띄어쓰기와 맞춤법이 엉망인 책도 있고, 언어 표현이 등장인물과 어울리지 않는 책들도 많다.

따라서 아이가 책을 골랐다고 무조건 사주기보다는 이런 부분은 반드시 어른의 입장에서 조언을 해주는 것이 좋다. 아이가 고른 책을 함께 보면서 내용과 띄어쓰기, 맞춤법이 제대로 된 책인가는 미리 점검해 보는 것이 좋다. 어쩌다 고른 책에서 문제점을 발견한 것이 있다면 그 출판사에서 나온 책들은 한 번 더 살펴보는 것이 좋다.

특히 아이들이 고르는 만화책 중에서 학습만화는 과학이나 역사, 경제 등 지식을 다루는 분야에서는 어려운 것을 쉽게 이해하거나 오래 기억할 수 있는 장점이 있지만, 문학 서적을 만화로 엮은 책들은 만화의 특성상 주인공의 이미지가 과장되거나 줄거리 위주로 편집이 되기 때문에 문학작품의 본래의 뜻을 훼손해서 받아들일 수 있다는 것을 염두에 두어야 한다. 어릴 때 줄거리 위주로 된 문학작품을 너무 많이 읽으면 나중에 커서 제목만 보고 이미 그 책은 다 아는 내용처럼 여겨서 원래 작품을 이해하는 데 걸림돌로 작용할 수 있기 때문이다.

아이들이 만화책을 선택할 때는 되도록 문학보다는 전문 교양서적 쪽으로 유도하는 것이 좋다.

마지막으로 만화책 읽기는 독서에 대한 동기를 유발해 준다는 점에 의미를 두어야 하며, 그 자체가 목적지가 될 수는 없다는 것을 알아야 한다. 이 사실을 아이가 이해할 수 있도록 점차 공감대를 넓혀가도록 평소에 아이와 자주 대화를 하는 것이 중요하다.

Q5 온 가족이 함께 하는 독서 교육 방법은 없을까?

A5 미국의 경우 자녀들의 독서에 대해 부모가 기울이는 노력은 사실 한국 부모의 교육열을 무색하게 할 정도이다. 미국 가정에서의 교육 방법은 모범적이다. 책을 읽을 수 있기 이전부터 초등학교 저학년까지는 잠자리에서 책을 읽어 주고, 일주일에 한두 번씩 아이들과 공립 도서관에 데리고 가는 것은 당연한 행사처럼 되어 있다. 이렇게 독서는 생활의 일부가 되어야 제대로 된 독서 교육이 이뤄질 수 있다. 예를 들면 다음과 같다.

1) 가족 독서의 날을 정한다

온 가족이 함께 모여 같은 책을 읽고 토론하는 날을 가짐으로써 부모와 대화의 장도 넓히고 독서에 대한 관심과 흥미도 높일 수 있다.

① 월 1회 정도 '온 가족 온종일 책 읽는 날'을 정한다.

② 독후 활동으로 온 가족이 독후감을 쓰거나 독서 신문을 만든다.

2) 가족과 함께 도서관(서점) 방문의 날을 정한다

월 1회 정도 가족과 함께 시립도서관이나 서점을 방문하여 가족과 함께 독서를 하거나 책을 선택하는 능력을 기를 수 있는 기회를 갖는다.

Q6 책 읽는 올바른 방법은?

A6 책 읽는 올바른 방법으로는 여러 가지가 있다.

첫째, 욕심 부리지 말고 날마다 조금씩 읽는다. 독서를 소나기가 아닌 보슬비처럼 하게 한다.

둘째, 시, 동화, 세계 명작, 위인전, 과학 이야기, 역사 이야기, 예술 이야기, 종교 이야기 등을 골고루 읽게 한다.

셋째, 비판하며 읽게 한다. 책에 나온 내용이라고 해서 무조건 옳은 것은 아니다. 특히 좋지 않은 책도 많고 책을 쓴 사람이 항상 모든 면에서 옳다고 볼 수는 없다. 그러므로 책을 읽을 때는 그 얘기가 옳은 것인가 생각하며 읽어야 한다. 이를 통해 참된 삶의 가치를 알고, 옳고 그름을 제대로 판단할 수 있다.

넷째, 자신의 생활과 관계를 지으면서 읽게 한다. 자신이 주인공이 된 입장에서 읽으면 더욱 흥미롭고 능률적인 독서가 된다. 또 책에 나오는 장면들을 나의 생활과 비교하면서 읽으면 다양한 사고력을 기를 수 있다.

다섯째, 책을 읽는 도중 중요한 대목이나 구절을 기록하고 한 권의 책을 다 읽으면 간단히 독서 카드를 쓰도록 버릇을 들인다. 간단하게 기록을 함으로써 다시 한 번 읽은 내용을 돌이켜 맛보는 결과가 된다.

여섯째, 읽은 책에 대하여 이야기하는 습관을 기른다. 읽은 책의 내용을 혼자 머릿속으로만 기억해 두는 것보다 남에게 이야기로 들려줌으로써 저절로 말하기 훈련이 되며, 읽은 내용을 명료하게 기억하게 된다.

일곱째, 독서 후 독서 감상문을 기록한다. 독서 감상문 쓰기를 통해서 자기가 읽고 생각한 것을 한 번 더 명료하게 정리할 수 있다. 또 글쓰기 능력 향상에 도움이 된다. 그러나 매번 독서 감상문 쓰기를 강요한다면 아이는 책에 대한 흥미 자체를 잃을 수도 있으므로 글쓰기 외의 다양한 활동을 통해서 독서에 관심을 갖도록 하는 것이 중요하다.

Q7 올바른 독서지도를 위해서 부모가 절대로 해서는 안 되는 일은?

A7 첫째는 자녀들에게 책 읽으라고 잔소리를 자주 하는 것이다. 책을 안 읽으면 성적이 떨어지고 결국 좋은 대학에 못 가게 된다는 식으로 자녀들을 압박하지 말아야 한다.

둘째로, 자녀가 부모의 기대에 어긋난 책을 선택했다고 해서 무조건 야단쳐서는 안 된다. 가령 '너는 나이가 몇인데 아직도 이런 쉬운 책만 읽느냐, 우리나라 고전도 많고 세계 명작도 많은데 왜 이런 형편없는 책만 읽으면 되겠느냐?'는 식으로 자녀의 독서 의지를 꺾어 버리는 부모의 행동이 이에 해당된다. 먼저 자녀들과 책과 내용과 가치관에 대해 충분히 대화를 해야 한다. 자녀들의 가치관과 차이가 있을 때 무조건 부모의 가치관에 따르도록 설득하는 것은 위험한 지시일 수 있다. 무엇보다 자녀의 의견을 최대한 존중하는 자세가 필요하다. 어른의 틀에 가두거나 어른의 눈높이에 맞추도록 길들이기보다 자유롭게 생각하고 하고 싶은 대로 마음껏 하게 하는 것이 현명한 부모의 행동이다.

Q8 책을 읽을 때 지켜야 할 바른 자세는?

A8 첫째, 등을 구부리거나 고개를 너무 숙여서 읽지 않도록 한다.

둘째, 책과 눈의 거리를 약 30cm 정도로 두고 읽는다.

셋째, 너무 어두운 곳에서 읽지 않도록 한다.

넷째, 책장에서 책을 꺼낼 때나 집어넣을 때 아주 소중하게 다루는 습관을 들인다.

다섯째, 좋은 책은 다른 친구들에게도 알려 주고, 서로 토론하는 시간을 갖도록 한다.

Q9 논술문은 어떻게 평가하며, 잘 쓴 논술문을 어떻게 구분할까?

A9 독서 교육을 통해 아이의 논술 교육을 시키려고 한다면 반드시 명심해야 할 것이 있다. 그것은 논술 교육은 결코 글쓰기만의 교육이 아니라는 것이다.

실제로 대입 논술 문제에서 중요한 것의 순위를 매기자면 ① 출제자의 의도 파악(주제 파악) ② 창의력과 논리적인 설득력 ③ 띄어쓰기, 맞춤법을 포함한 문장력 순이라고 할 수 있다.

이 중 가장 중요한 것은 ①번의 출제자의 의도 파악(주제 파악)으로 여기에서 벗어나면 아무리 ② 창의력과 논리적인 설득력을 갖춘 ③ 깔끔한 문장력을 갖춘 글이라도 낮은 점수를 받을 확률이 높다. 그 다음에 아무리 ① 출제자의 의도(주제)를 잘 파악했다 하더라도 ② 창의력과 논리적인 설득력이 부족하다면 ③ 문장력이 아무리 뛰어난 글이라도 좋은 평가를 받을 수가 없다. 결국 ③번의 문장력은 비중이 가장 낮다는 것을 알 수 있다. 물론 ③번의 문장력까지 완벽하게 갖춘다면 더 이상 바랄 것이 없다.

Q10 스칸디 맘(대디)이 바람직한가, 타이거 맘(대디)이 바람직한가?

A10 이 질문은 전반적인 교육관이 어떠해야 하는지를 묻는 것으로 자율성을 강조하는 북유럽식의 교육을 지향하는 부모들을 스칸디 맘(대디)이라 하고, 유교식 주입 교육을 주로 하면서 자녀를 통제하는 부모들을 타이거 맘(대디)이라고 한다.

우리의 교육이 어떠해야 하고, 독서 교육을 하면서 어떻게 해야 하는지에 대한 결론은 쉽게 내릴 수 없다. 자율성을 주장하고 싶지만 통제하며 강요를 할 수밖에 없는 현실에 부딪치기 때문이다.

'찬 것은 기울고, 기운 것은 찬다.'는 말이 딱 알맞은 경우가 아닐까 한다. 주입식 교육이 성할 때는 자율성이 보장되어야 하고, 자율성이 방종에 이르면 불가피하게 통제에 이르러야 한다. 따라서 부모가 받은 주입식 교육 제도에서는 스칸디 맘(대디)이 더 많이 필요하다. 자율성을 강조하다 보니 아이들이 제멋대로 통제가 안 되는 교육 제도에서는 당연히 타이거 맘(대디)이 더 많이 필요하다. 그 선택은 아이들 상황에 따라서 부모가 결정해야 한다.

Q11 독서가 학습능력을 증진시킨다는 구체적 증거는?

A11 독서 능력은 쓰여 있거나 인쇄된 것의 의미를 신속, 정확하게 읽는 능력으로 집중력, 어휘력, 분석력, 종합력, 비판력, 상상력, 추리력, 창의력, 판단력, 문제 해결력 등의 기초 학습 능력을 말한다. 자기주도 학습능력을 키우는 데 독서만한 학습은 없다고 할 수 있다. 교육개발원의 조사에 따르면, 역대 국제 수학 올림피아드에 참가한 영재 27명 가운데 83%가 어려서부터 혼자 책 읽기를 좋아했다고 한다. 또 이들 가정은 평균 250권 이상의 책을 소장하고 있었고, 어릴 때부터 아이들에게 책을 읽어 준 경우가 40%에 달했다고 한다. 이는 독서가 아이의 학습 능력을 증진하는 데 큰 영향을 준다는 것을 말해 준다.

Q12 어떻게 해야 아이의 창의성을 키워 줄 수 있을까?

A12 최근에 창의성 교육과 관련한 이야기들이 많이 들려온다. 교육에서의 만능 해법인 것처럼 이제는 아무 곳에서나 잘 붙는 친근한 수식어처럼 사용되고 있다. 한동안 우리 교육계에서는 '열린'이라는 말이 유행처럼 번진 적이 있다. 지금은 창의가 그 역할을 대신하고 있는데, 창의가 과연 무슨 뜻일까? '지금껏 없었던 의견이나 생각'이 사전적 의미인데, 그런 의미에서의 창의성을 키우려면 과연 어떻게 해야 할까? 지금껏 없던 의견이나 생각을 마치 하늘에서 뚝 떨어진 엉뚱한 생각이거나 기발한 생각으로 알기 쉬운데, 이것은 지금껏 가지고 있던 의견이나 생각 속에서 발견되는 것이 '창의'라는 사실을 모르기 때문에 이러한 생각을 갖게 되는 것이다. 창의적인

사람이 되려면 많이 알아야 하고, 그러한 지식 속에서 지금까지 없었던 의견이나 생각을 피워낼 수 있어야 한다. 많은 지식을 갖는 게 무엇보다 중요한데, 이를 위해서는 무엇보다 독서가 답이라 할 수 있다. 아이 스스로 자신의 생각과 다른 친구의 생각을 비교하도록 하면서 사고를 깊고 넓게 하거나 자기표현의 기회를 많이 가지는 것도 창의성을 키우는 데 도움이 된다. 교과서를 비롯해 신문, 영화 등 다양한 매체를 통해 읽고 보고 듣는 과정을 거친 뒤 발표하고 주장하는 다양한 활동으로 창의성을 키울 수 있다.

Q13 책 읽기를 싫어하는 아이들이 재미있게 독서할 수 있는 방법은?

A13 아니마시온 활동을 추천한다. '아니마시온(animacion, 영어로는 animation)'이란 라틴어의 아니마(anima)를 의미하는 것으로, 모든 인간이 가지고 태어난 그 생명, 혼을 생생하게 활동시키는 일, 생명력, 활력을 불어넣어 심신을 활성화시키는 것을 의미한다. 즉 재미있거나 즐거움을 추구하는 가운데 정신을 활성화하는 개념이다.

스페인의 저널리스트인 몬세라 사르토(Montserrat Sarto)에 의해 개발된 아니마시온(animacion) 독서법은 학생들의 독서능력을 신장시키며, 책을 읽지 않는 학생들에게 독서의 가치를 발견하게 한다. 1998년부터 스페인 교육성에서는 이 방법을 교원 연수에 실시하고 있으며, 스페인뿐만 아니라 이탈리아를 시작으로 일본, 중남미 여러 국가 등에서 국제적으로 평가받고 있는 독서 교육방법이다. 독서를 놀이처럼 즐기는 75가지 방법이 있는데, 내용을 모르는 이라도 즉시 적용할 수 있는 장점이 있다. 자유롭게 의견을 내놓고 토론하는 동안 독서 능력의 성장을 경험하게 하는 방법이 될 것이다. 아니마시온 활동은 책을 읽기 위한 활동과 책의 내용을 이해하기 위한 활동, 등장인물이 되어서 생각하는 활동, 감상을 교류하기 위한 활동, 다른 책을 읽게 하기 위한 활동 등으로 나눌 수 있다. 아니마시온 활동으로 제시하고 있는 75가지 항목을 주제로 독후활동을 해보면 마치 게임을 하듯이 즐거운 마음으로 할 수 있다.

〈75가지 아니마시온 활동 주제〉

1. 틀리게 읽어주기	2. 이건 누구의 것?	3. 언제? 어디서?	4. 무엇을 말하고 싶었을까?	5. 있어? 없어?
6. 책과 나	7. 어떤 사람?	8. 가짜 문장	9. 누구에 관한 이야기를 하고 있지?	10. 붙잡아라!
11. 이게 내가 붙인 책 제목	12. 앞일까? 뒤일까?	13. 오타 찾기	14. 이야기꾼	15. 대결
16. 각 소제목이 있어야 하는 곳은?	17. …라고 말하고 있습니다.	18. 이것이 줄거리 입니다.	19. 해적 문장	20. 누구?
21. 앵글 전환	22. …라고 평가합니다.	23. 상상의 가위	24. 누가 무엇을 어떻게?	25. 팀을 만들어 놀아보자.
26. 여기 있어요.	27. 이거 네 거야!	28. 책에서 도망쳤다.	29. 동화를 이야기하자.	30. 굉장히 많은 물건들이 있어요!
31. 어째서?	32. 어느 것이 진짜 이야기?	33. 이렇게 시작해서 이렇게 끝난다.	34. 그를 변호합니다.	35. 그 전에 무슨 일이 있었지?
36. 이야기에서는 그렇게 말하고 있어?	37 .누가 … 입니까?	38. 여기에 둘게요.	39. 무엇 때문에?	40. 나는 이렇게 생각한다.

41. 수수께끼를 말하고 설명해요.	42. 내 단어 어디에 있어?	43. 모두의 기억	44. 시인의 마음	45. 좋은 시네!
46. 너는, 나와 함께	47. 이것이 내 그림	48. 음유시인	49. 누가 누구와?	50. 어디입니까?
51. 무엇이 도움이 되지?	52. 이번엔 내 차례	53. 잘 보면 보인다.	54. 누가 누구에게 무엇을?	55. 들은 대로 합니다.
56. 시인의 대화	57. 하이쿠(17자로 표현하는 일본 정형시)로 놀자.	58. 모두와 한 편의 시를	59. 이거 진짜야?	60. 바보 아냐!
61. 시인은 이렇게 노래한다.	62. 이 문장에는 의미가 있습니다.	63. 함께 하는 편이 도움이 된다.	64. 훑어보기	65. 그리고 그때 …가 말했습니다.
66. 혀가 꼬인다.	67. 이 시가 좋아.	68. 시를 가지고 왔습니다.	69. 단어가 날아갔다.	70. 의미는 확실하게 알 수 있어?
71. 발견했습니다!	72. 좋습니까? 안 됩니까?	73. 이 책이 좋은 이유, 알고 있습니까?	74. 생각하고 있는 것을 말합니다 .	75. 나라면 지우지 않아.

Q14 아이가 상대의 말뜻을 자의적으로 해석하는 경우가 많은데 독서를 할 때도 자의적으로 바꾸어 해석한다. 이해력의 부족인가? 아니면 정확히 확인하려는 습성의 부족인가?

A14 바람직한 교육이 무엇이냐고 물으면 아이의 눈높이에 맞는 교육이 아닐까 싶다. 그런데 아이를 어른들의 눈으로 보고 판단하는 경우가 종종 있다. 모든 게 완벽한 아이였으면 좋겠다는 부모의 심정은 충분히 이해하지만, 아이는 아이라는 인식이 먼저 서 있어야 한

다. 아이는 모든 게 미숙하고 생각하는 것(발상) 자체가 아이답다. 우선 주관적이라는 사실이다. 자신의 생각을 통해서 사물을 접근하는 것이 그 한 예이다. 그것이 가장 아이다운 태도라 할 수 있다. 그러나 아이는 교육을 통해서 미숙했던 많은 부분을 고쳐 나가며 많은 것을 깨닫고 배우게 된다. 아이는 그 과정을 겪는 중이므로 때때로 엉뚱한 행동과 생각을 할 수 있다. 이 같은 시행착오를 통해서 점차 완벽한 인격체로 성장할 수 있다. 우려할 만한 수준은 아니라고 판단되지만 습관적으로 거듭 반복된다면 아무래도 이해력 부족에 더 가까울 수 있으므로 전문적인 상담이 필요하다.

> 좋은 책을 읽는 것은 과거의 가장 뛰어난 사람들과 대화를 나누는 것과 같다.
> – 데카르트

독서하면 떠오르는 인물 세종대왕

세종대왕은 왕이 되기 전부터 배우기를 좋아해서 손에서 책이 떠난 적이 없을 정도였다고 한다. 세종대왕은 오히려 아버지인 태종이 건강을 걱정해서 책을 읽지 못하게 감추도록 명령을 내릴 정도였다고 한다.

"과거를 준비하는 선비는 그럴 수 있지만, 임금이 되어 어찌 이토록 고생스레 책을 읽는단 말이냐?"

심지어 세종은 아버지의 이러한 충고에도 아랑곳하지 않고 오로지 독서에 몰두했다고 한다. 뛰어난 업적을 남긴 왕에 대한 의례적인 찬사라고만 볼 수 없는 대목이다.

세종대왕은 한글 창제뿐만 아니라 과학과 음악 발전에도 크게 기여를 했다. 당시 음악을 담당했던 박연이 악기를 연주했을 때 음 하나가 틀린 것을 지적해 줄 정도로 음악에도 해박한 지식을 갖춘 왕이었다. 그리고 당시에 양반들은 거들떠보지도 않았던 수학에도 깊은 관심을 보였다. 또한 중국 사신들을 만났을 때 직접 중국말을 알아듣기 위해 중국어에도 깊은 관심을 드러낸 것으로 알려져 있다.

조선 초기에 세종이 말 그대로 나라의 기틀을 확고하게 세운 비결은 그의 타고난 독서 습관이라고 할 수 있다.

1. 부모님과 선생님이 도와주어야 할 창의력을 키우는 논술(글쓰기) 교육

최근 교육은 창의성을 강조하고 있다. 또 창의성을 갖추어야 21세기 정보사회에서 생존할 수 있다고 한다. 이러한 창의성은 곧 상상력에서 기인하는 것이다. 상상력이 좋은 사람은 약간의 사고 훈련을 받으면 글쓰기를 잘할 수 있다. 물론 아이가 상상력이 뛰어나 스스로 논술을 잘하면 좋겠지만, 대부분의 아이들은 아무리 능력이 뛰어나다 하더라도 일정한 기간 동안 부모님이나 선생님의 도움을 필요로 한다. 이럴 때 아이들에게 어떻게 도움을 줄 것인가를 알아보자.

첫째, 좋은 책을 많이 보여 준다

피아노를 잘 치려면 먼저 좋은 음악을 많이 들어야 하는 것처럼, 글을 잘 쓰려면 먼저 좋은 글을 감상할 기회를 많이 가지는 것이 중요하다. 늘 독서하는 습관을 들이는 것이 좋다. 그러기 위해서는 부모님이 솔선수범하여 책을 읽는 모습을 보여 주는 것이 좋다.

둘째, 다양한 체험을 하도록 지도한다

글은 교실이나 공부방에서만 써야 한다는 생각에서 벗어나 많은 경험을 하고, 어느 곳에서나 간단한 메모를 하는 습관을 들여야 한다. 또한 매일 반복되는 단순한 과정보다는 다양한 여러 가지 글쓰기, 예를 들면 시나 수필, 기행문 등을 쓰게 하는 것도 좋다.

셋째, 표현의 자유를 인정해 준다

어린이는 자신의 생각을 글로 옮기는 과정을 통해 표현력을 키우게 된다. 일일이 간섭을 하면 아이는 위축감과 함께 흥미를 잃게 된다. 어린이는 어린이만의 세계가 있다는 것을 인정하고 이해해야 한다.

넷째, 자신감을 불어넣어 준다

글이 다소 서툴더라도 많은 칭찬을 해주는 것이 좋다. 예를 들어 맞춤법이 틀렸더라도 기발한 상상력이 있다면 그 장점을 이야기해 주는 것이다. 아이의 글을 어른의 시각에서 평가하는 것은 아이에게 도움이 되지 않는다. 자신감을 갖기 시작하면 글쓰기가 즐거워지기 마련이다.

독서와 논술 학습을 더욱 의미 있게 하는 것은 독서 후에 대화와 토론을 하는 것이다. 사실 그런 태도는 우리 생활 문화에 아직도 낯선 것이지만, 책을 읽고 대화를 통해서 생각하는 자세와 여건이 정말 필요하다. 이 과정에서 성취감을 느끼고, 분석능력과 창의력이 늘어나게 된다. 게다가 가족 간의 유대감이 돈독해지는 효과도 볼 수 있다. 적극적으로 대화하다 보면 어느덧 지식과 자신감이 쑥쑥 늘어나는 자기 자신을 발견할 수 있을 것이다.

2. '창의력을 키우는 논술(글쓰기)'을 잘하는 10가지 방법

① 자신의 목소리를 키워라

자신의 생각을 '바르게 생각하고 바르게 표현하기' 위해서 단순한 몇 가지 규칙을 배워 글을 교묘히 구사하고 남을 그럴 듯하게 설득하는 공부가 글쓰기라고 생각하는 경향이 있다. 그렇기 때문에 특성(개성)이 없는 글이 쏟아져 나오고 생각도 비슷비슷해 보인다. 그러나 중요한 것은 자신만의 독창적인 생각이다.

② 글에 대한 평가는 '형식'과 '내용'에 따라 달라진다

'형식'은 어법에 맞는 문장을 쓰는지, 또한 맞춤법과 띄어쓰기에 맞는 문장을 쓰는지, 글의 구성이 '서론, 본론, 결론'의 형식을 잘 맞추었는지를 살펴보는 것이다.

'내용'은 주제에 따라 바르게 글을 썼는지, 또한 이와 관련하여 폭넓은 사고의 과정이 전제되었는지를 살펴본다.

그러나 이 두 부분은 서로 독립된 것이 아니다. 좋은 글이란 '형식'과 '내용'이 함께 어우러져 드러나야 한다.

③ 어법에 맞는 문장을 쓰도록 노력해라

학생의 문장이 혹시 주어와 술어 관계에 맞지 않는지, 부사나 목적어를 생략하고 있지 않은지 끊임없이 확인하고 잘못된 문장이 있으면 고치도록 노력해야 한다. 대부분의 학생들은 머릿속으로는 많은 생각을 하고 있어도 이를 문장으로 표현하라고 하면 하지 못하는 경우가 많다. 이를 위해 평소에 글(일기, 편지, 수필, 시)을 많이 써 보아야 한다.

④ 배경 지식과 정확한 낱말(용어)을 알고 있어라

낱말을 제대로 안다는 것은 바로 그 내용(개념)을 적절하게 사용할 줄 안다는 것이다. 낱말을 일방적으로 외우는 것은 효과가 적으며, 부단한 독서와 토론, 사색(생각) 과정을 통해 용어의 의미가 자연히 자신의 것이 되도록 노력해야 한다.

⑤ 세계 명작과 인문, 사회과학에 대한 책을 읽는 습관을 가져라

시간이 부족하여 폭넓은 독서를 할 만한 여유가 없다면, 우선 쉽고 간결하게 요약된 만화를 통해 주제에 접근해서 문제점과 해결책을 정리해 두는 과정도 필요하다. 다른 사람의 모범적인 글을 읽어 보면 큰 도움이 된다. 잘 쓴 글들은 어떻게 써나가는지 알 수 있다. 좋은 글을 많이 봄으로써 자신의 문제점과 부족한 점을 찾아낼 수 있기 때문이다.

⑥ 시사적인 문제나 사회 상황에 대한 이해를 위해 신문을 정독하라

신문은 시사상식을 늘리기 위한 가장 좋은 교재이다. 신문 속에 나오는 정치, 경제, 사회, 문화의 다양한 지식들을 통해 창의적인 생각을 가질 수 있기 때문이다. 신문을 정리해 두는 것도 좋은 방법이다.

⑦ 글을 많이 써보고 첨삭지도를 받아라

자신이 쓴 글의 문제점은 자신이 절대로 찾아낼 수가 없다. 따라서 자신보다 나은 사람의 지적과 의견이 반드시 필요하다. 혼자서 글쓰기 연습을 하는 경우에는 이 점을 반드시 명심해야 한다.

⑧ 첨삭지도 받은 자신의 글은 반드시 재작성하라

많은 사람들은 첨삭지도를 받더라도 첨삭 내용은 자세히 보지 않고

눈으로 한 번 훑어보고 끝낸다. 머리로 이해하는 것과 글을 직접 작성해 보는 것은 분명히 다르다. 내용을 새롭게 작성해 보는 과정을 통해서 글쓰기 실력이 한층 더 나아진다는 것을 명심해야 한다.

⑨ 창의적인 글쓰기 공부를 국어과에 한정시키지 마라

세상의 모든 것이 창의성을 요구한다는 생각을 갖고, 다른 학과 공부를 하면서도 '창의적인 글쓰기' 실력을 키워가야 한다. 과학자들이 논문을 통해 자신의 연구결과를 세상에 발표하는 것을 보면 잘 알 수 있을 것이다.

⑩ 창의적인 글쓰기에서 가장 중요한 부분은 내용이다

다양한 배경 지식은 독서를 통해서 길러진다. 독서를 통해서 지식을 쌓는 한편, 완성된 한편의 글을 반복해서 작성해 보는 과정을 끊임없이 연습해야 한다.

3. 독후감 쓰기(Reading Note)

독후감은 책을 읽고 그 느낌을 적은 글을 말한다. 독후감을 쓸 때는 책을 읽게 된 동기와 책의 간단한 줄거리 그리고 주인공의 행동에서 느낀 점들을 쓰면 된다. 주인공에게 보내는 편지 형식으로 쓰거나, 때로는 시로 쓰는 경우도 있다. 뿐만 아니라 비판할 점이라든지, 자신의 생각들을 넣어 쓴다면 더 훌륭한 글이 된다.

◆ 독후감에 쓸 내용
① 전체적인 글의 줄거리

② 가장 인상적인 장면

③ 작가가 하고 싶은 이야기는 무엇이라고 생각하는가?

④ 책을 읽은 후 떠오른 나의 생각

◆ 독후감을 쓰는 이유

① 책의 내용을 깊이 생각할 수 있다.

② 책을 읽고 난 다음 그 책의 내용과 느낌을 오래 간직할 수 있다.

③ 나의 생활을 돌이켜보고, 책에서 가르친 내용을 깊이 받아들이게 된다.

④ 글 쓰는 힘을 키우게 된다.

◆ 독후감을 쓰는 방법

첫째, 어떤 형식으로 쓸 것인가를 생각한다.(생활문, 일기, 편지, 기행문, 시 등)

둘째, 제목을 정합니다. 글을 다 쓴 뒤에 내용에 맞게 붙여도 된다.

셋째, 책을 읽게 된 동기나 책을 처음 대했을 때의 인상을 쓴다.

넷째, 줄거리를 정리하여 간단히 쓴다.

다섯째, 자기의 생각이나 느낌을 쓴다.

여섯째, 본받을 점이나 나의 다짐을 쓴다.

4. 독서 교육의 첫걸음, 독서 이력서

독서 이력서란, 한 사람이 과거로부터 지금까지 읽은 책의 장르, 책의 내용, 읽기 방법 등을 한눈에 보기 좋게 정리한 것을 말한다. 독서 이력서에는 한 사람의 가치관과 생각이 어떻게 형성되었는지를 짐작할 수 있게 하는 정보들이 들어 있다. 왜냐하면 사람의 생각과 가치관은 그 사람이 경험한 것, 특히 책을 통해서 간접적으로 경험한 것에 의해 쉽게 영향을 받아 형성되기 때문이다.

◈ 독서 이력서를 작성해야 하는 이유

독서교육을 시작하는 부모나 독서를 시작하는 아이는 먼저 독서 이력서를 작성해서 활용해야 한다. 독서 이력서를 작성하면 그동안 독서 활동을 해 온 패턴을 쉽게 살펴볼 수 있기 때문에 잘못된 독서 습관을 파악하거나 바람직한 독서 활동을 확인하는 데 많은 도움을 얻을 수 있다. 독서 이력서를 작성하지 않고 무턱대고 독서 계획을 세우면, 아이가 읽었던 책을 기계적으로 반복해서 읽게 될 수 있고, 잘못된 독서 습관을 고치지 못한 채 독서 활동을 계속할 수 있다.

◈ 독서 이력서를 작성하는 방법

① 그동안 읽은 책의 이름을 시기별로 적는다. 예) 학년별, 학기별, 월별 등
② 책들이 어떤 장르에 해당하는지 표시한다. 예) 위인전, 세계 명작, 판타지, 만화, 시사물, 전래동화 등
③ 책의 이름 아래에 책의 주인공과 대강의 줄거리를 적는다.
④ 책에서 가장 기억에 남는 점, 감동 받은 점, 깨달은 점 등을 간단하게 적는다.

제목	장르	읽은 시기	주인공	줄거리	기억에 남는 핵심 사항
콩쥐팥쥐	전래동화	2014. 4.	콩쥐와 팥쥐	콩쥐가 새 엄마와 팥쥐에게 미움을 당하면서도 착한 일을 계속하여 복을 받는다는 이야기.	팥쥐가 아무리 콩쥐를 괴롭혀도 콩쥐가 화를 내지 않고 어려운 일을 잘 마친 점.

● 독서 이력서 작성 예시 2

나의 독서 이력서

학년 반 번 이름 :

일련 번호	책 이 름	글쓴이/옮긴이	출 판 사	읽은 날짜	관련 분야	확인

내용 요약

통합 독서 논술 논리 언어능력

통합 독서논술 학습능력 진단평가

＊학년에 따라 평가지 내용이 다릅니다. 자신에게 맞는 학년을 선택해 작성하세요.

성명			
학교		학년	
진단날짜	년 월 일		
주소			
전화번호	부모: 학생:	이메일 주소	부모: 학생:
평가지 보내는 방법	절취선을 따라 자르고, 평가지 내용대로 기입하여 아래 주소로 보내주시면, 무상으로 독서논술 진단평가를 하여 평가표를 보내드립니다. 평가표는 연구소에 도착 후 약 2주일 내에 보내드리겠습니다. ＊복사본은 평가를 해드리지 않습니다. 반드시 원본에 기입하여 보내주시기 바랍니다.		
보낼 곳	우편번호 139–503 서울시 노원구 덕릉로 71길 5 성원아파트 103동 503호 한국독서철학교육연구소 앞		

☞ 테스트지 보내는 요령

① 201쪽 앞장과 해당 학년에 맞는 검사지를 절취하고, 지시에 따른 모든 내용을 써서 연구소로 보내주시면 됩니다.

② 논술문을 쓸 부분이 모자라면 별도의 종이나 원고지에 써서 보내주십시오.

③ 보내주실 때는 회신용 우표를 동봉해 주셔야 합니다.

구분	내용	요금
특별등기	1일 소요	2,440원
보통등기	3, 4일 소요	2,140원
우편	3, 4일 소요	510원

아래의 내용 중에서 선택을 하고, 이에 알맞은 우표를 동봉해서 보내주세요.

특별등기로 검사결과를 받고 싶다. (   )

보통등기로 검사결과를 받고 싶다. (   )

일반 우편으로 검사결과를 받고 싶다. (   )

초등 저학년용(1, 2학년 권장)

*주어진 시간은 30분입니다. 30분 동안 평가지를 완성하세요.

◎ 다음 글을 읽고, 물음에 답하세요.

아이는 어른들을 이해하지 못할 때가 많습니다.
"그러면 못 써."
"그건 해선 안 돼."
온통 해선 안 된다는 말뿐입니다. 이 세상엔 해선 안 되는 일이 그렇게 많은 건가요?
"엄마, 해선 안 되는 일이 왜 이렇게 많아요?"
"세상엔 해야 할 일도 많고 해선 안 될 일도 많단다. 넌 아직 어리기 때문에 그걸 배우는 거야. 이렇게 생각해 보면 어떨까? 해선 안 될 일보다는 꼭 해야 할 일들이 얼마나 많은지……."

1. 묵독 (눈으로 읽어 봅니다.)

   본문을 눈으로 읽는 데 걸린 시간 (   )초

2. 낭독 (소리를 내어 읽어 봅니다.)

   본문을 소리 내어 읽는 데 걸린 시간 (   )초

3. 스스로 생각하는 나 자신은? (○×로 표시)

나는 책 읽는 속도가 빠르다. (　　　)

나는 책 읽는 속도가 느리다. (　　　)

나는 정확히 소리 내어 읽는다. (　　　)

나는 소리 내어 읽는 것이 자신이 없다. (　　　)

 **어휘력 테스트**

1. 제시한 글의 제목을 스스로 만들어 보세요.

(　　　　　　　　　　　　　　　　　　　)

2. 제시한 글에 나온 문장을 몇 가지 골랐습니다. 밑줄 친 낱말을 바꾸
   어 쓸 수 있는 낱말은 무엇일까요? 바꾸어 써도 가장 어울리는 낱말
   은 무엇일지 생각해서 써 보세요.

   1) 그러면 <u>못 써</u>. →

   2) <u>온통</u> 해선 안 된다는 말뿐입니다. →

   3) 넌 <u>아직</u> 어리기 때문에 →

   4) 해선 안 될 일보다는 <u>꼭</u> 해야 할 일들이 →

1. 누구와 누구 사이에 벌어진 일인가요?

① 어른과 아이

② 엄마와 아이

③ 어른과 엄마

④ 아이와 아빠

2. 아이가 듣는 말 중 가장 많은 것은 다음 중에 어떤 것인가요?

① 정말 잘 하는구나.

② 해선 안 될 일보다는 꼭 해야 할 일들을 생각하렴.

③ 그러면 못 써.

④ 세상엔 해야 할 일도 많고 해선 안 될 일도 많단다.

3. 아이의 성격을 가장 잘 드러낸 말은 어느 것일까요?

① 장난이 심한 아이

② 싸움을 많이 하는 아이

③ 불만이 많은 아이

④ 자주 우는 아이

4. 아이가 "그러면 못 써." "그건 해선 안 돼." 하는 말을 듣는 까닭은 무엇일까요? 모두 골라 보세요.

① 아이가 잘못을 저질렀다.

② 앞으로 잘 하라는 가르침이다.

③ 친절하기 때문에 하는 칭찬한다.

④ 기분 나쁘라고 하는 말이다.

⑤ 세상에는 해선 안 되는 일이 너무 많기 때문이다.

5. "해선 안 되는 일이 왜 이렇게 많아요?" 하는 질문을 받는다면 여러
   분은 어떤 대답을 들려 줄 수 있나요? 여러분이 들려 줄 말을 생각해
   서 써 보세요.

6-1. 요즘에 여러분이 부모님 혹은 선생님에게서 가장 많이 듣는 말이
   있다면 무엇인가요?

6-2. 위의 말을 들었을 때의 여러분의 기분이나 느낌을 써 보세요.

 논리력 테스트

◎ 다음 그림을 보고, 물음에 답하세요.

 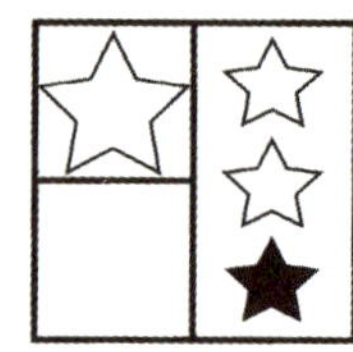  

1. 다음 네 개의 그림 중에서 빈 칸에 들어갈 그림을 찾아서 ○표 하세요.

① 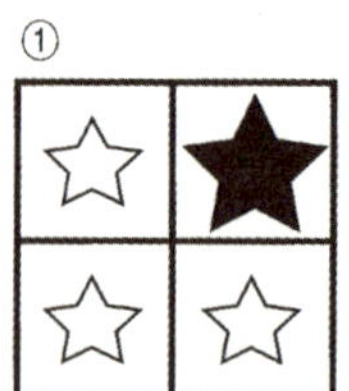 ② 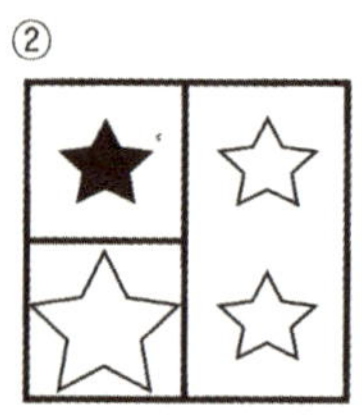 ③ 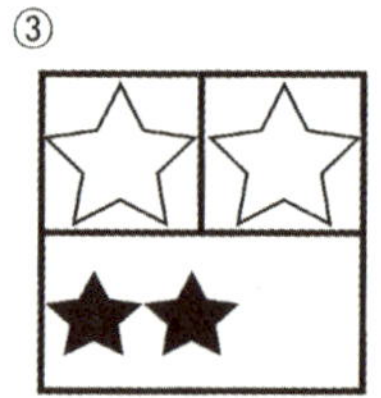 ④ 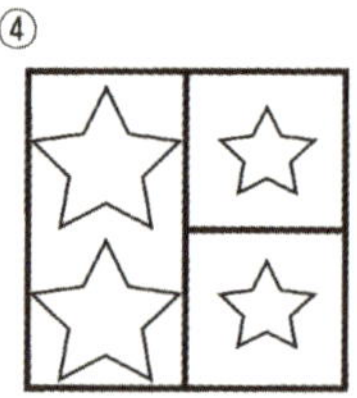

2. 앞의 세 그림과 1번의 문항에서 고른 그림의 공통된 특징은 무엇인지
   써 보세요.

어른들은 왜 하지 말라는 말을 아이들에게 많이 하는 것일까요?
여러분의 생각을 써 보세요.

1. 지난 1년 동안 읽은 책의 권수를 써 보세요.

2. 지난 1년 동안 읽은 책의 제목과 주인공의 이름을 생각나는 대로 모
   두 써 보세요.

초등 중급학년용(3, 4학년 권장)

＊주어진 시간은 40분입니다. 40분 동안 평가지를 완성하세요.

◎ 다음 글을 읽고, 물음에 답하세요.

가족과 함께 동물원에 가기로 한 날, 아빠는 일 때문에 회사에 나가셔야 했습니다. 할 수 없이 아이는 엄마와 단둘이서 동물원에 가야 했습니다. 동물원에 있는 동물들은 모두 한가로워 보였습니다.

"엄마, 사람들은 열심히 일하는데 왜 동물들은 일을 안 해요?"
"자세히 보렴. 동물들도 열심히 일하고 있어."
"아무것도 하지 않고 놀고 있는 것처럼 보이는데요?"
"살기 위해서 열심히 먹이를 찾고 새끼를 낳아 키우는 것이 동물들에겐 일이란다."
"그럼 우리 아빠의 일은 무엇이에요?"

엄마는 아이의 질문에 말문이 막혔습니다. 아무래도 가족끼리 함께 하기로 한 나들이에 아빠가 빠진 것에 아이가 심통이 난 것 같았습니다.

1. 묵독 (눈으로 읽어 봅니다.)

본문을 눈으로 읽는 데 걸린 시간 (　　　)초

2. 낭독 (소리를 내어 읽어 봅니다.)

　　본문을 소리 내어 읽는 데 걸린 시간 (　　　)초

3. 스스로 생각하는 나 자신은? (○×로 표시)

　　나는 책 읽는 속도가 빠르다. (　　　)

　　나는 책 읽는 속도가 느리다. (　　　)

　　나는 정확히 소리 내어 읽는다. (　　　)

　　나는 소리 내어 읽는 것이 자신이 없다. (　　　)

어휘력 테스트

1. 제시한 글의 제목을 스스로 만들어 보세요.

　　(　　　　　　　　　　　　　　　　　　　　　　　)

2. 제시한 글에 나온 문장을 몇 가지 골랐습니다. 밑줄 친 낱말을 바꾸
　　어 쓸 수 있는 낱말은 무엇일까요? 바꾸어 써도 가장 어울리는 낱말
　　은 무엇일지 생각해서 써 보세요.

　　1) 가족과 함께 →

　　2) 우리 아빠의 일은 →

　　3) 엄마는 아이의 질문에 말문이 막혔습니다. →

　　4) 아이가 심통이 난 것 같았습니다. →

독해력 테스트

1. 동물원에 간 사람은 누구와 누구인가요?

2. 이 글에서 아빠는 어떤 사람이라고 느껴지는지 여러분의 생각을 써 보세요.

3. 아이가 화가 난 까닭은 무엇인가요?

4. 동물들의 일은 무엇인가요?

5. 엄마는 아이에게 아무 말도 못했지만, 여러분이 엄마라면 아이에게 들려 줄 말이 무엇인지 써 보세요.

논리력 테스트

◎ 다음 그림을 보고, 물음에 답하세요.

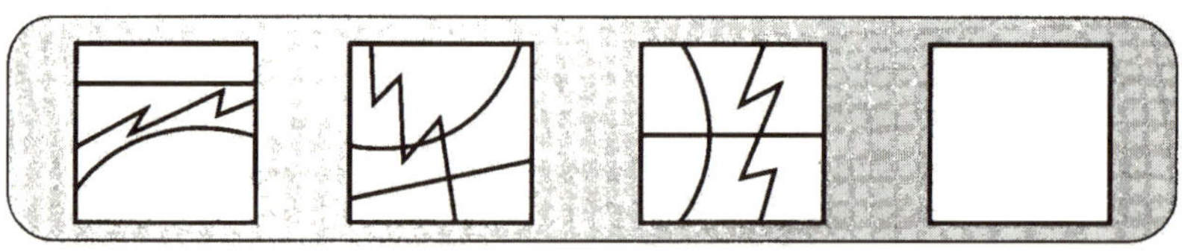

1. 다음 네 개의 그림 중에서 빈 칸에 들어갈 그림을 찾아서 ○표 하세요.

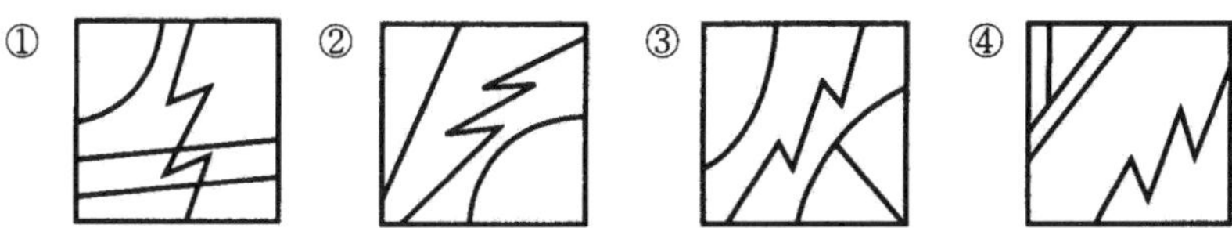

2. 앞의 세 그림과 1번의 문항에서 고른 그림의 공통된 특징은 무엇인지 써 보세요.

3. 다음 네 개의 그림을 잘 살펴보세요. 화살표 방향으로 네모 안에 든 원의 위치가 변화하고 있어요.

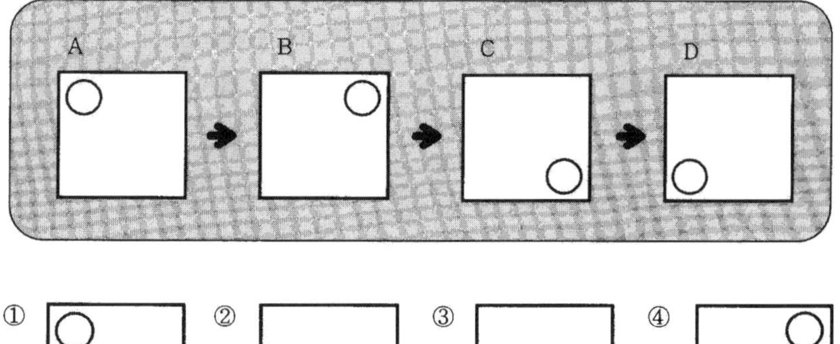

1) 변화의 특징을 잘 파악한 뒤에 D번 다음에 올 도형을 그림에서 골라 ○표 하세요.

2) 위의 번호를 고르게 된 규칙은 무엇입니까?

한 번 약속한 것은 반드시 지켜야 한다는 말도 있습니다. 그런 뜻에서라면 동물원에 가기로 약속했다가 지키지 않은 아빠의 잘못이 크다고 할 수 있습니다. 그렇지만 아빠에게 일은 약속 그 이상의 것이라고도 할 수 있습니다.

약속은 반드시 지켜야 하는 것인지, 아니면 부득이 할 경우 지키지 않을 수도 있는 것인지 찬성과 반대의 입장에서 여러분의 생각을 써 보세요.

1. 여러분이 지난 1년 동안 읽은 책의 권수를 써 보세요.

2. 여러분이 지난 1년 동안 읽은 책의 제목과 주인공의 이름을 모두 써 보세요.

3. 여러분이 지난 1년 동안 읽은 이야기 속의 등장인물을 한 명 골라서, 그 사람에게 자유로운 형식의 편지 글을 써 보세요.

고학년(5학년, 6학년, 중학생 권장)

*주어진 시간은 40분입니다. 40분 동안 평가지를 완성하세요.

◎ 다음 글을 읽고, 물음에 답하세요.

플랑크톤(미생물)은 물고기에게 먹힙니다.
작은 물고기는 큰 물고기에게 먹힙니다.
그런데 큰 물고기는 더욱 큰 물고기에게 먹힙니다.

풀은 토끼에게 먹힙니다.
토끼는 늑대에게 먹힙니다.
그런데 늑대는 호랑이나 사자에게 먹힙니다.

"호랑이나 사자는 자기보다 약한 동물을 잡아먹으니까 아주 나빠요, 그렇죠?"
아이는 동물원에서 호랑이 우리를 지나다가 아주 화난 목소리로 말했습니다.
"그건 옳고 그른 것을 가릴 수 있는 게 아니야. 이 세상의 모든 생물은 영양을 받아들이지 않으면 살 수 없거든. 살아가기 위해선 때론 어쩔 수 없이 하게 되는 일이 있는 거야."
엄마는 낮은 목소리로 차분히 설명해 주었습니다.
"그래도 힘이 없는 약한 동물들이 너무 불쌍해요."
"힘이 없는 약한 동물들이라도 사실은 다른 생명을 통해서 살아갈 수 있는 거야. 영양이 필요한 거지. 사람도 마찬가지야. 우리가 먹는 쌀도 생명이 있는 거야. …… 살아 있는 것들은 다른 생명을 통해서 영양을 공급받을 수밖에 없어. 어쨌든 그 생명 모두는 소중한 것이지. 그러니까 너무 욕심을 부리고 많이 먹거나 낭비해서는 안 되는 거야. 호랑이와 사자가 비록 약한 짐승을 잡아먹는다 해도 배가 고프지 않으면

글 읽는 속도 측정

1. 묵독 (눈으로 읽어 봅니다.)

   본문을 눈으로 읽는 데 걸린 시간 (   )

2. 낭독 (소리를 내어 읽어 봅니다.)

   본문을 소리 내어 읽는 데 걸린 시간 (   )

   본문을 소리 내어 읽을 때의 태도와 억양 (   )

3. 스스로 생각하는 나 자신은? (○×로 표시)

   나는 책 읽는 속도가 빠르다. (   )

   나는 책 읽는 속도가 느리다. (   )

   나는 정확히 소리 내어 읽는다. (   )

   나는 소리 내어 읽는 것이 자신이 없다. (   )

1. 제시한 글의 제목을 스스로 만들어 보세요.

( )

2. 제시한 글에 나온 문장을 몇 가지 골랐습니다. 밑줄 친 낱말의 뜻을 써 보세요.

예) 플랑크톤(미생물)은 <u>물고기</u>에게 먹힙니다.

→ 물에 사는 동물 / 아가미로 숨을 쉬는 동물

1) 호랑이 <u>우리</u>를 지나다가 →

2) 이 세상의 모든 <u>생물</u>은 영양을 받아들이지 않으면 살 수 없거든.

→

3) 힘이 없는 약한 동물들이라도 사실은 다른 <u>생명</u>을 통해서 살아 갈 수 있는 거야.

→

4) 너무 <u>욕심</u> 부리지 않을게요. →

5) 긴긴 <u>하품</u>을 했습니다. →

> 플랑크톤(미생물)은 물고기에게 먹힙니다.
> 작은 물고기는 큰 물고기에게 먹힙니다.
> 그런데 큰 물고기는 더욱 큰 물고기에게 먹힙니다.
>
> 풀은 토끼에게 먹힙니다.
> 토끼는 늑대에게 먹힙니다.
> 그런데 늑대는 호랑이나 사자에게 먹힙니다.

1. 위 지문에 나타난 관계를 사자성어로 정확히 표현한 것은 무엇일까요?

   ① 구사일생(九死一生)

   ② 오리무중(五里霧中)

   ③ 약육강식(弱肉强食)

   ④ 생존경쟁(生存競爭)

2. 위에서 답한 내용의 정확한 뜻을 아래에 써 보세요.

3. 먹이에 따라 다음 동물들을 분류한다면 과연 어떻게 분류할 수 있을지 빈 칸에 알맞은 말을 써 넣으세요.

   ① 토끼　　　(　　　　) 동물

   ② 개　　　　(　　　　) 동물

   ③ 호랑이　　(　　　　) 동물

   ④ 고양이　　(　　　　) 동물

⑤ 햄스터　　　（　　　　） 동물

⑥ 사자　　　　（　　　　） 동물

4. 생태계를 아래와 같이 표현하기도 합니다. 아래의 그림은 무엇을 나
타낸 것인지 설명해 보세요.

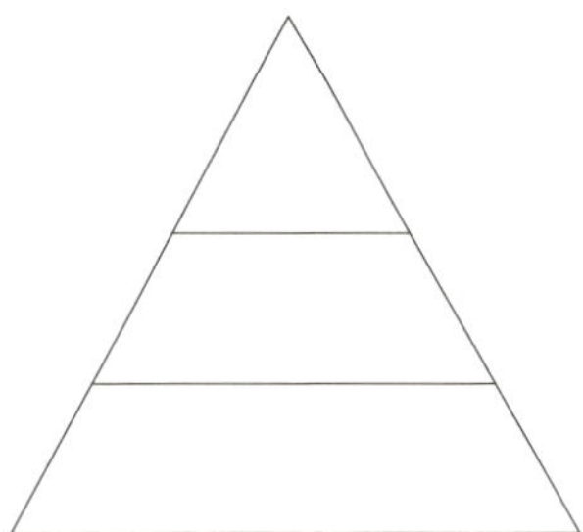

 논리력 테스트

◎ 다음 그림을 보고, 물음에 답하세요.

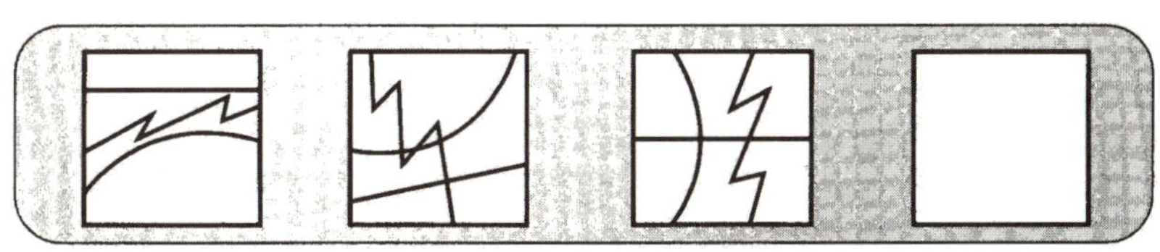

1. 다음 네 개의 그림 중에서 빈 칸에 들어갈 그림을 찾아서 ○표 하세요.

① 　② 　③ 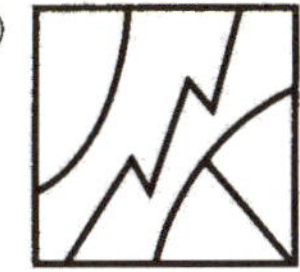　④ 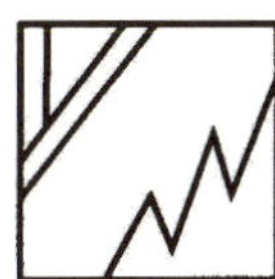

2. 앞의 세 그림과 1번의 문항에서 고른 그림의 공통된 특징은 무엇인지 써 보세요.

3. 다음 〈가〉, 〈나〉의 그림은 화살표 방향으로 네모 안의 원 위치가 변화하고 있어요. 변화의 특징을 잘 파악해서 D 다음에 올 도형을 골라 ○표 하세요.

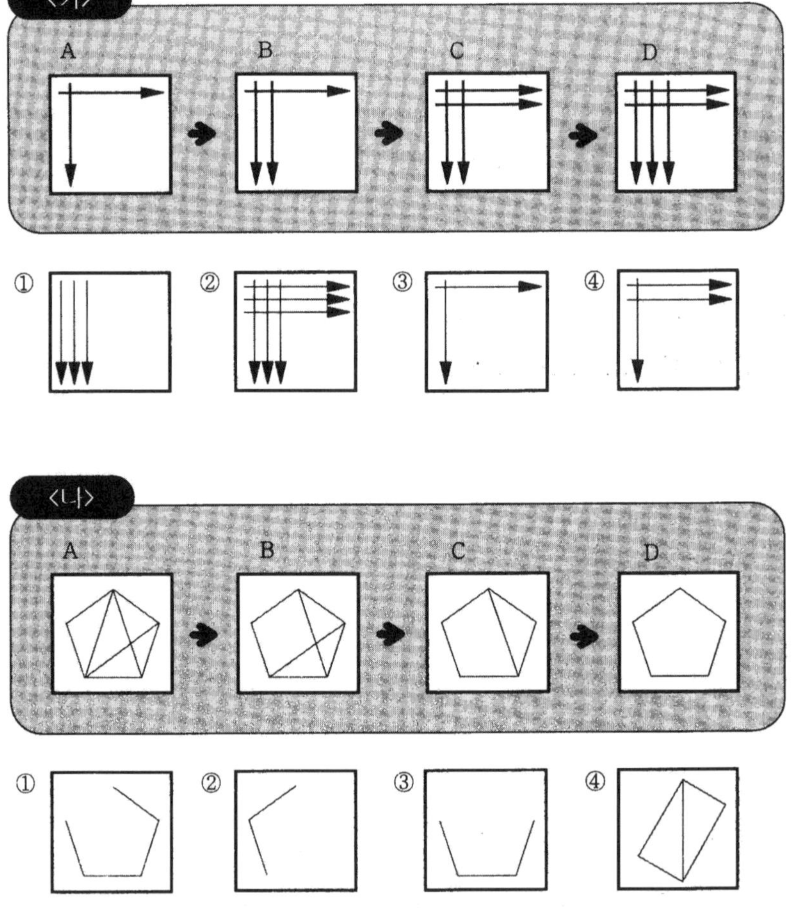

1. '남의 것을 빼앗으면 안 된다.'고 배운 아이들은 자연생태와 혼동하여 다른 생명을 빼앗는 것은 무조건 나쁜 것으로 생각할 수 있습니다.

   "사람은 소나 돼지, 닭 같은 약한 동물을 잡아먹으니까 나쁘지 않나요?"

   이런 질문도 마찬가지입니다. 여러분이 이런 질문을 받는다면 어떻게 대답해야 할까요?

2. 사회생활을 하는 것을 흔히 '생존 경쟁'이라고 표현하는 사람들도 있습니다. 그만큼 사회에서는 '치열한 경쟁을 한다.'는 뜻이기도 합니다. 이 같은 경쟁은 학교생활을 하는 중에도 나타납니다. 그러나 학생들의 경쟁에 대해서는 자제해야 한다는 의견과 더욱 활성화해야 한다는 의견이 있습니다. 지나친 경쟁이 학생들의 우애를 떨어뜨린다는 것은 물론 너무 일찍부터 공부에 시달리게 한다는 의견과 어려서부터의 경쟁을 통해 우수한 인재를 키울 수 있다는 의견으로 나뉘는 것입니다.

   여러분은 '경쟁'에 대해서 어떻게 생각하고 있는지 논술문을 써 보세요.

   제목:(   ) * 제목은 내용에 알맞게 쓸 것

3. 위에서 쓴 주인공 중에서 마음에 드는 주인공과 마음에 들지 않는 주인공을 각각 쓰고 왜 그렇게 생각하는지를 그 까닭을 아래에 써 보세요.

1. 여러분이 지난 1년 동안 읽은 책의 권수를 써 보세요.

2. 여러분이 지난 1년 동안 읽은 책의 제목과 주인공의 이름을 모두 써 보세요.

오늘을 살며, 미래를 준비하며

아이들이 어릴 때는 책 읽는 부모의 모습을 보이는 것만큼 확실한 교육 방법도 없다. 엄마 아빠도 책을 통해서 많은 것을 얻음으로써 일석이조의 효과를 얻을 수 있다.

책에는 우리보다 먼저 세상을 살다간 사람들의 인생이 축약되어 있기 때문에 그 인생들을 내 인생의 평생 반려자로 삼는 독서만큼 행복한 삶도 없을 것이기 때문이다.

고령화 사회가 시작되면서 미래에 대한 준비가 화두로 떠오르고 있다. 미래에 대한 준비라면 제일 먼저 재테크와 건강, 자녀에 대한 교육 등을 떠올리는 사람이 많을 것이다. 물론 자녀와 자신의 삶은 별개라고 생각하며 자식들에게 기대려 하지 않으려는 사람들이 많이 늘어나는 추세이다. 그렇다면 '재테크와 건강'이면 미래가 준비되는 것일까.

우리 시대는 물질적인 면에는 집중해도 정신적인 면을 의외로 소홀히 한다. 우리 사회가 정신보다 물질에 더 치우쳐 있다는 예로도 쓰일 만한 현상이다.

미래에 대한 준비에 잘 차려진 밥상에 숟가락 하나 얹는 심정으로 '독서 습관'을 더 얹어본다.

젊었을 때 가정을 돌보지 않고 직장과 일에만 매달렸던 사람일수록 심각한 퇴직 증후군에 걸려든다. 노령화 사회가 되면서 적어도 퇴직 후에 20년 이상은 더 살아야 하는데, 그에 대한 대책을 세워놓지 않는다면 노후의 삶이 비참해질 수 있다는 것이다.

남편들은 퇴직에 의한 환경변화에 적응하지 못하는 불안증, 또는 울화증, 가정에서 아내와 아이들과 쉽게 어울리지 못하는 것에 대한 우울증, 스트레스로 인한 불면증, 운동부족이나 자기 학대로 인한 소화불량이나 위염 등 각종 질병에 노출되어 있다.

아내는 이런 남편을 보면서 적응하지 못하고 각종 스트레스에 노출되기 십상이라는 것이다. 남들이 옆에서 보면 아주 사소한 일이고, 도저히 싸움거리가 될 수 없는 어쩌면 너무 배부른 불만들이 아닌가 싶지만, 당사자들은 그 사소한 갈등을 극복하지 못하는 경우가 늘고 있다.

정신적 건강을 생각할 때거나 노후를 생각할 때도 독서만큼 좋은 것은 없다. 괜히 하는 일 없이 집에 있다 보면 짜증만 나고, 스트레스만 쌓이지만, 그 시간에 차분히 독서를 한다면 마음의 안정을 취할 수 있을 뿐만 아니라 우선 주변 사람들을 편하게 해주는 효과도 얻을 수 있기 때문이다.

가까운 공공도서관에 들려 책을 읽는 일은 등산보다도 돈을 안 들이고 즐길 수 있는 최적의 일거리 겸 운동이 될 수도 있다. 퇴직 증후군이 아니더라도 여유를 즐기며 한 권의 책을 읽는 모습을 보이면 그 얼마나 멋지겠는가. 손자 손녀의 재롱을 보면서 책 읽는 할머니 할아버지의 멋진 모습을 그려본다.

당신의 자녀들은 어떠한가?

부모와 자녀는 피와 사랑으로 맺어진 관계로 모든 인간관계 중에서 가장 아름다운 관계이다. 어려서부터 엄마 아빠의 따뜻한 사랑을 받고 자란 아이는 어른이 되어서도 엄마 아빠를 깊이 신뢰하고 존경한다. 이것은 자녀교육에 관심이 있는 부모라면 누구나 알고 있는 사실이다. 그러나 아는 만큼 행동으로 옮기는 부모는 그리 많지 않다.

책 읽어 주기의 중요성을 알고 있는 필자는 아이들이 갓난아이 적부터 책을 읽어 주었다. 그 아이들이 현재 대학생이며, 이제는 자신의 꿈을 이루기 위해 열심히 노력하고 있다.

이쯤에서 독자 여러분은 당연히 그 아이들이 어떤 모습으로 자랐는지 궁금할 것이다. 어려서부터 책을 읽어 주었으니까 공부를 아주 뛰어나게 잘하거나 영재성을 보이지 않았을까 생각하는 분도 있을 것이다. 어떤 분은 아는 것과 실천하는 것은 다르므로 아무리 독서교육 전문가라도 제 자식은 제대로 키우지 못했을 것이라고 생각할 수도 있을 것이다.

적어도 우리 아이들은 독서와 논술 공부가 부족해서 속을 썩이지는 않았다. 어려서부터 책을 가까이 한 습관 덕인지 스스로 책을 골라서 읽을 정도의 습관과 안목은 갖추었다. 아이가 청소년기에 국가 영재교육원에서 수업을 받은 그 비법이 독서에 있었다면 책을 읽어 준 아빠로선 과분하고도 영광스러운 평가일 따름이다.

수학과 미술에서 영재성을 보인 아들이 미술 영재교육을 받고 국가 영재교육원 영재산출물대회에서 최우수상을 받았지만, 결국 미술을 포기하고 언어영역 만점임에도 자연계 학과를 선택한 일은 의외였다. 작가 겸 변호사를 꿈꾸던 딸이 문학적 상상력 하나만으로 미대 수시에 합격한 일 또한 엄마 아빠의 기대와는 다소 다른 선택이었다.

우리 아이들이 자라서 어떤 삶을 살아갈지는 아직 모른다. 성장하면서 많은 일을 겪을 수 있고, 자신의 꿈도 쉴 새 없이 바뀔 수 있으니 말이다. 그러나 그 어떤 삶을 살더라도 행복하고 성공적인 삶을 살아갈 것이라고 믿고 있다.

추천의 글

아이가 지적, 육체적 성장 단계와 맞는 책을 읽으면, 몸과 마음이 적당한 자극을 받게 된다. 그 적당한 자극이 아이의 몸과 마음을 균형 있게 성장시키는 일종의 자양분 역할을 하게 된다. 이 책은 부모에게 적당한 책을 고를 수 있는 지혜를 줄 것이다.

— 서동석(에머슨하우스 교육연구소 소장/문학박사)

이 책은 자녀교육에 도움이 되는 흥미로운 독서법을 알려줄 뿐만 아니라 곳간에 양식을 쌓듯 인생의 풍요로운 지침서까지 될 소중한 책이라고 감히 말씀드린다.

— 권동기(시인, 시몽시인협회 회장, 시몽시문학 발행인 및 편집인)

오랫동안 독서에 대한 해답을 찾았는데 바로 이 책에서 발견할 수 있었다. 저자들의 현장 경험 내용이 담겨 있어 책 내용처럼 준비하고 습관화한다면 자녀가 원하는 대학과 자녀가 그렸던 꿈을 실현하는 데 걱정 없을 것이라고 생각하며 이 책을 적극 추천하는 바이다.

— 전일권(입시전략연구소장, 토마토스쿨, 전 한국학습개발원 대표)

폭넓은 독서는 미래에 중요한 선택을 해야 할 상황이 왔을 때 실수를 줄이는 지혜를 가져다 줄 것이다. 이 책은 독서하기 힘들어하는 아이들에게 책과 가까워지게 하는 마법이 숨어 있는 책이라 할 수 있다.

— 한은하(서울서부교육지원청 중학교 국어과 교사)

독서의 중요성이 부각되면서 아이의 독서량을 관리하는 부모가 늘고 있다. 초기에는 효과를 볼지 모르지만, 아이가 커가면서 책을 더욱 멀리하게 만드는 역효과를 초래할 수도 있다. 이 책에는 부모가 책을 좋아하는 아이로 만드는 독서지도의 노하우가 온전히 담겨 있다.

— 정미숙(꾸메땅 교육코칭연구소 소장)

모든 학습의 기초는 독서이기에 책을 좋아하는 아이로 만들기 위해서는 부모의 노력이 절실히 필요하다. 책을 통해 아이와 소통하는 방법을 제시하고, 아이가 스스로 책을 좋아하게 만드는 방법이 가슴에 와 닿아서 좋다.

— 이미경(사회복지사, 〈책 쓰는 엄마〉 공동 저자)

현장에서 아이들을 가르치다 보니 요즘 아이들은 인내력과 집중력이 부족하다는 것을 많이 느낀다. 내 아이가 좋은 학습습관을 갖기를 원한다면 어려서부터 독서를 좋아하게 만드는 것이 좋다. 아이에게 올바른 자기주도 학습습관을 키워주기 위해서라도 부모가 먼저 꼭 봤으면 하는 책이다.

— 이미진(행복한 자기주도 학습학원 · 이미진 토론교실 대표)